U0036588

快樂禪

上班族 40 則快樂指引

聖 嚴 法 師

法鼓文化編輯部 選編

快樂工作結善緣

你工作快樂嗎？什麼原因讓你快樂，什麼原因讓你煩惱，快樂可以自己決定嗎？

工作需要團隊合作，所以只要有一個人心情沉重，可能會產生骨牌效應，全公司的人都板著臉工作，氣氛凝重；相反地，只要有一個人心情快樂，也能發揮蝴蝶效應，全公司的人都笑著臉工作，氣氛愉悅。不要小看自己一個笑臉，很可能就帶動了大家的工作士氣！

沒有人不想要快樂工作，但是一看到討厭的同事，一聽到流言是非，心情就變得不開心。相信沒有人希望自己是讓別人工作不快樂的原因，

每個人都希望自己的人氣佳！人緣好！如同聖嚴法師所說：「慈悲沒有敵人，智慧不起煩惱。」只要能用智慧心調整自己，慈悲心體貼別人，就能念念都快樂！人人是貴人！

工作氣氛要和樂無諍，卸下心防，才能安心做事，如果同事失和，就會產生不快樂。本書把上班族工作悶悶不樂的常見原因做一整合，將聖嚴法師著作中的精彩開示彙編成書，提供快樂之道。聖嚴法師除幫我們建立健康開朗的快樂工作態度，並分享多種讓失和團體恢復和樂的方法，例如快樂 EQ 六和敬：身和同住、口和無諍、意和同悅、見和同解、利和同均、戒和同修，希望每個人都能快樂工作，和樂成長。

工作最容易廣結善緣、廣種福田，能分享希望、散播快樂，就是最幸福快樂的人！

—— 法鼓文化編輯部

目錄

溝通禪

練習前的小叮嚀

1. 良好的溝通與傾聽,對於上班族的人際互動,以及創造和樂的職場相當重要。想要化解溝通障礙,不妨學習運用溝通禪,鍛鍊對交談狀態的覺察力,讓溝通訊息能完整交流。

2. 溝通時,試著以同理心,站在對方的立場上設想,我們將發現彼此之間的異同。差異的是每個人的個性、想法,以及能力,而藉由包容與學習,即可擴大自我的心靈;相同的是,對方和我們一樣,也希望能擁有幸福和快樂,這是開發同理心和慈悲心的基礎,同時,能讓我們的心更加柔軟,溝通更加無礙。

❀ 溝通的要領

溝通，其實就是互相了解的過程，除了理解他人，也能更深入認識自己。討論意見時，要放鬆身心，如果緊張不安，容易爭論是非，萬一不合己意，還可能發生口角，反而看不見真相。

與人交談時，可從自己與他人兩個不同角度來觀察人際溝通情況。從自己的角度來看，觀察自己能否放鬆，清楚自己的身心狀況，不以自我中心的立場做回應，遇到煩惱用智慧化解。從他人的角度來看，觀察自己能否同理他人的感受與立場，以慈悲待人。我們的溝通態度，只要有慈悲與智慧，就能做到「慈悲沒有敵人，智慧不起煩惱」，和樂無諍，消融對立。

❋ 溝通的步驟

一、放鬆身心：

　　首先，練習放鬆身心，心中不預設立場，聆聽的時候放鬆，講話的時候也放鬆。

二、覺察過程：

　　溝通時，清楚對方所表達的內容，同時保留部分覺察力在自己的身上，以放鬆的身心與恰當的表情做回應，覺察溝通當下的過程。在放鬆身心時，要保持專注力，以便不錯解對方的意思與表情，並覺察因談話內容所產生的種種想法，試著鬆開自己固有的觀點。

三、確認意見：

　　接收對方的訊息時，不要急著做反應，先讓對方把內容完整表達後，再複述歸納自己所聽到的意見，釐清正確與錯誤的部分，核對自己所聽到的內容，以確認對方想要表達的意見，避免因

理解的落差而造成誤解，並且讓對方感受到貼心與誠意，更了解對方的立場與感受，無形中就培養了同理心。

四、溝通心態：

　　要以慈悲心祝福對方，慈心是能給予快樂，悲心是能拔除痛苦，希望每個人和我們一樣，遠離煩惱執著，獲得究竟自在的快樂。如此，溝通時不但能利益他人，更能逐漸放下自我中心，提昇生命的品質，快樂成長。

　　　　　　　　　　　──法鼓山禪修中心　提供

快樂禪

Joy

如何讓大家
都快樂？

　　自我的價值在於對生命的運用及發揮，並不是用金錢、地位、名望來衡量的，而是讓自己、他人都快樂，這就是生命的價值。

✺ 別讓生命的價值變得虛幻

　　如果一個人活得痛苦不堪，即使很有地位、名望，還是在糟蹋生命。一般人都把生命的價值建立在名利、權位之上，這是非常虛幻的，不僅讓自己不快樂，尤其在與別人競爭時，也讓別人不快樂，甚至踩著別人的肩膀往上爬，就更加不慈悲。

❀ 盡責任與發揮悲願心

在我們出生時就負有兩個任務，第一是要盡自己的責任，第二是要發揮自己的悲願心。

「責任」是自己身為兒女、父母、學生、老師以及社會一分子應盡的責任；「悲願心」不一定是自己的責任，而是盡量發揮所長，願意讓大家快樂，自己也得到幸福。不管自己是否有名、有錢、有地位，能做到這樣就是有智慧、有幸福的人，真正懂得福慧雙修的人。

———

（選自《不一樣的人生旅程》）

> 禪一下
>
> 心懷服務、奉獻，
> 以利益他人來成長自己，
> 這才是最好的價值，
> 也是幸福、快樂人生的真義。

如何快樂工作
充滿希望？

　　有人問我：「對現在的臺灣社會有沒有信心，有沒有希望？」我說：「只要臺灣社會之中，有一個人覺得臺灣有希望，臺灣就是有希望的。」

　　其實，這個問題不需要問別人，只要問自己。同樣地，自己的人生、工作有沒有希望，也不要問別人，要問自己。把希望寄託於人，問別人有沒有希望，這是對自己沒信心。如果對自己有信心，就能產生希望，全家人也會跟著有希望。

　　我小的時候家裡很窮，可是我的母親從不說

一句失望的話，她總是告訴我們「有信心，有希望」。我問母親：「希望從哪裡來？」她說：「希望是自己給的。我有信心，有希望，然後我照著這個方向去做，希望就在那裡；如果我放棄希望，不去努力，當然沒有希望。」

✿ 人人擁抱希望和信心

《天下》雜誌報導了世界上最高、最窮，而人民最感幸福快樂的國家──不丹。雖然這個國家很小、很窮，海拔很高，但是人民的快樂指數將近百分百。他們的物質享受不如臺灣，與我們相差百分之五十以上，可是不丹的人民，不論老老少少都很快樂。問他們苦嗎？他們說不知苦為何物，因為他們每天都生活得很快樂、很幸福。這是什麼原因？因為他們生活在希望中，而非生活在欲望中。

只要生活在希望中，人生就成為一件件事情達成的經過、一個個夢想實現的過程，或者是一樁樁心願圓滿的喜悅，所以常感幸福、快樂。但是如果生活在欲望中，因為欲無止境，人生會變得貪婪、不知足，反而多愁苦。欲望有物質的欲望、精神的欲望、身心的欲望、男女的欲望、名位的欲望等各式各樣，當這個欲望滿足了，尚有其他的欲望沒有滿足；當這個欲望追求到了，卻又害怕失去，所以經常是在痛苦之中。

❀ 在努力中抱持希望

　　自己要快樂地生活在希望中，也要讓同仁和家人感到快樂。有了希望，有了信心，就會照著目標去做，自然有未來。如果內心一點也不抱希望，認為「講希望只是說大話，根本不可能」，有這種想法才真是糟糕。本來有希望的事你卻不

抱希望，也把自己的一分努力給否定了，這是很可惜的事。因此，要有希望、要有未來，首先我們自己要有信心、要努力，在努力中抱持希望，自然能夠有未來。

我聽到好多企業都在裁員，有人問我：「再這樣下去，未來臺灣所有的人豈不都失業了？」我說：「不會的，就算失去這份工作，只要願意接受另一個工作，便不是失業。」比如「董事長」是一個職務，這個職務不做了，還可以做其他的事。就像華航老董事長卸下「董事長」的職務以後，還可以當董事，做其他的事。如果老是盯著現在這個職位不放，認為「這個鐵飯碗不能丟、不能破、不能換，換了以後自己什麼都沒有了！」有了這種念頭，那是自討苦吃，自找麻煩。

譬如說我這個和尚不做了，還有什麼事可以

做嗎？和尚不是一個職業，它只是個身分，只要不偷、不盜、不搶、不傷害人，什麼工作我都可以做，即使是掃街、洗廁所，我也可以做。「高階主管」乃是一個職位，是一種身分，具有一定的名位、價值，所以大家會覺得除了這份工作以外，其他的工作都不能接受嗎？如果有這種心態，一定會過得不快樂。我這麼說，並不是指大家的高階位置馬上就要動搖，而是希望大家在心理上，能夠隨時隨地準備著接受任何的工作。如果是這樣，也就不會有失業的危機了。

——

（選自《我願無窮》）

禪一下

我們只要身心平安，
生活能夠平常、安定，
那就是一種健康，
是一種享受，是一種快樂。

03

真正的快樂
是什麼？

　　出生是苦，在人的一生當中，真正的快樂也沒多少。一般人感受到的快樂，都是因為滿足了「五欲」——眼、耳、鼻、舌、身——而得來的欲樂，例如：眼睛看到美景、耳朵聽到悅音、鼻子聞到香味、嘴巴嘗到美食、身體有柔軟細滑的觸感。還有，和別人談話談得很投機，或是獲得一項新的成果、發現一樁新的事實，讓自己覺得很有成就感等，這些屬於心理層面的賞心樂事，也都屬於「欲樂」。

✿ 欲樂是暫時的

欲樂的「樂」都包含著「苦」在其中，是「樂中帶苦」，但是我們大多數人卻對這樣的事實毫無所知。

例如一個稀世罕見、美若天仙的美人出現在你眼前，因為很難得見到，所以你會很欣賞她，一見到她就覺得很快樂。但是，如果天天讓你見到美麗的東西，或是讓美女、帥哥天天在你面前出現，讓你看個夠，就沒有什麼稀奇了。短暫地接觸雖然令人覺得目眩神迷，接觸次數多了以後，快樂便蕩然無存。

凡是欲樂，都是暫時、無常的，很快就會過去，感覺上很真實，其實很虛幻，而虛幻的感受本身就是一種苦。因此，五欲之樂仍在痛苦之中，說穿了，這種快樂只是一種和「苦」相對的感受。

這樣看來，生而為人好像沒有什麼值得快樂的事，其實也不盡然。因為還有一種樂叫作「定樂」，也就是禪定的快樂，比欲樂更勝一籌，快樂的感受也更強烈一些。

✿ 無事一身輕

因為在禪定中已經擺脫了身心限制，特別是身體的負擔和病痛都會消失不見，不再有沉重的感覺，這時候心裡會產生一種滿足感，而且這種「無事一身輕」的感受是非常快樂的。

只是出定以後，因為身體還在，所以因身體而有的種種負擔依然存在。因此，定樂也不可能長久維持。

最究竟的快樂是「解脫之樂」，透過修行得到解脫之後，不再有任何困擾及煩惱，心理上不再有任何負擔，這時候，才是真正、絕對的快

樂，也才是真正值得我們追求的快樂。

———

（選自《真正的快樂》）

	慈悲心的展現，
禪 一 下	應該是站在對方的立場， 以對方為出發點， 視對方的需要而付出； 在互動的過程中， 讓大家都得到喜悅、平安以及希望， 這就是慈悲。

04

怎麼會不快樂？

人經常生活在不安定的心態及環境中，因為心不安定，所以我們的生活言行很不平穩，導致自己和別人之間缺乏和樂的氣氛。所謂「和」，即彼此關懷、互相照顧的意思。

我們自己若能前念與後念、過去和現在沒有衝突，與人相處又能相互關懷，生活怎麼會不快樂？

❀ 打開心胸

我們與人相處，最不愉快的事就是心不開朗。所謂「不開朗」，又名「閉鎖」，是將自己

與他人隔開，而不能有所溝通。閉鎖的原因，是為了保護自己、求得自身安全，以免與他人來往時受到損失及傷害。

其實，愈閉鎖就愈不能和人溝通，對自己的損失愈大。唯有開朗的心胸，才能使人左右逢源、愉快順利。

❀ 學習大海包容萬物

很少人願意寬恕別人，反而容易寬恕自己；也就是說，自己不能對別人慈悲、接受別人。心量愈是狹小的人，愈放不下自己，也捨不得奉獻自己，這種人心裡最痛苦，他沒有朋友，也不會得到幫助，縱使有人想幫助他，他也會害怕。而禪修，能幫助我們打開心胸，容納所有的人與所有的事，就像大海一樣，能收納所有的一切，無論大魚、小魚，甚至有毒的魚。大海不會拒絕任

何一種生物的生存。

——

（選自《禪與悟》）

禪
一
下

> 以歡喜心相處，
> 以關懷心相待，
> 以希望心過生活，
> 以慈悲心看世界，
> 以智慧心消煩惱。

05

如何化解
不快樂的情緒？

　　情緒可分為健康的和不健康的情緒。所謂健康的情緒，就是享受、欣賞、歡愉，這是一種快樂的感覺，也就是賞心樂事。

　　通常若有人說到：「你有情緒啊！」這多半是指不健康的情緒，包括怒、怨、恨，或是討厭、疲倦等都是。因為不健康，所以會傷害自己的身體和心靈，身心受了影響便會影響到家庭、事業，甚至跟朋友之間相處的關係。

❋ 從自我中心解放

　　凡是以自我中心出發的，都叫作情緒。人為

什麼要做好事？大家總是希望善有善報、惡有惡報，希望做好事以後可以得到回報、可以升天，能夠在人間享洪福，這些希望都算是人的情緒。

從佛法的觀點來講，有造惡的情緒，也有修善的情緒。上述這些作法與觀念，對一般人而言是好的，但是以佛教的立場，福享完了以後還是會受苦，並不是徹底的解脫。最好還是能從自我中心得到解放，得解脫之後就沒有情緒，只有智慧和慈悲了。

🌼 覺察自己的心理反應

平常要練習打坐或是靜坐，透過這樣的修練，能夠覺察自己的心理反應。

通常，人沒有辦法發現自己的心理反應，當覺察到心理出現某種反應，還不知道這就是情緒。還有一種是自己心裡已經不舒服了，即使嘴

上沒說，臉上可能已經有表情了！對於這些情緒，是可以用方法來避免爆發的。

　　面對這種狀況，最好的方法是體驗呼吸，覺察呼吸從鼻孔出和入的感覺，或者用念佛號的方式來改善。聽到一句令自己不快樂的話、見到一件不喜歡的事，或發生了一樁不幸的事件，就念「阿彌陀佛」！不要只是念一句，要持續不斷地念下去，這樣自然而然就能夠化解情緒了。

　　當知道自己心裡不舒服，藉由不斷誦念「阿彌陀佛」或「觀音菩薩」來化解，是很有幫助的，聽著自己念阿彌陀佛，想像阿彌陀佛就在面前，這樣，情緒自然而然就會平復下來。至於其他的宗教如基督教，則可以念「哈利路亞」。

　　當問題來了，不要用脾氣來解決，而是要用理性來解決，以這樣的方式訓練自己、幫助自己，讓自己安靜下來，就可以把事情處理得更加

圓滿。

——

（選自《覺情書》）

禪一下

一個勤勞的人，
身體健康一定良好。
若希望自己活得健康快樂，
就應該忙，
希望在人生過程中，
多儲蓄福德和智慧，
更需要忙。

可以追求快樂嗎？

　　人既有生命，那麼運用生命、享受生命，就是很自然的事。至於為什麼有生命，生命價值在哪裡，一般人通常並不去思考。

　　既然追求快樂，過程就變得很有意義。有的人求名，享受掌聲，但如果過程不紮實，沽名釣譽，虛晃一招，成名可能只是短暫的；聲名消退之後，就會因落寞的情懷而感到痛苦，當然也有人是實至名歸。財富這件事也相同，追求財富的快樂、過程和運用之間，都需要智慧來應對得失的局面。

　　追求快樂是有代價的，只是在追逐中的人，

大多認為這個代價值得，很有意義，不以為苦。人的心裡總有各種的不滿足，於是就需要向外追求，以填補那個不滿足的坑洞。其實何止是聲名成就、財富、長壽、子孫滿堂、兒孫繞膝，就連愛情也不是青年的專利；有人一輩子追尋「真愛」，即使年逾花甲，還在期待愛情。所以，有人在追尋快樂時重視結果，但也有人享受過程，就算得不到也快樂。

　　觀看大眾的種種，不難發現，快樂的感受是很主觀的；而在這當中，很少人知道生命真正的意義。

❀ 快樂是過程而非究竟

　　我沒有辦法用一句話來回答我很快樂或我不快樂，因為這對我來說，並不成問題。我的宗教、思想告訴我，人生是個不斷變化的過程，人

不可能天天快樂，也不會天天不快樂；只要明白自己的立場、確定人生方向，快不快樂，無非過程，並非究竟。但我也不是麻木不仁。年輕時跟大多數人一樣，過年過節有吃有玩，覺得快樂；上佛學院讀書時，覺得準備考試很辛苦，考完了會感到快樂。但是現在不再如此。我不會因為得到一樣東西而高興，甚至興奮；甚至不覺得曾經完成了什麼事，因為以佛教徒的修習目標而言，我還在過程中；但也沒有什麼事是沒有完成的，所以也不會有什麼不快樂。

所謂完成、不完成是相對的，質、量與時間（也就是過程），是變數。從不同的質、量和時間的角度去衡量，就有不同的結果；你可以說它已經完成了，也可以說它永遠都不會完成。以我的信仰而言，達到成佛，獲得大解脫，那才是究竟的快樂。其餘的階段，都不會是真正的完成，

但卻是在完成的過程裡。

❀ 快樂來自自心

當然，追求快樂和滿足是自然的事，否則生命好像失去意義；我認為一般人要得到快樂，應該來自自己對自己的滿意，要由自己的內心湧出快樂的泉水來。但太多人把自己的快樂建築在別人身上。所以，要自己對自己滿意也不容易，必須是會思考、有思想的人才能覺得問心無愧。但大多數人對自己的評價很依賴親友對他的看法，常常因為別人的眼光、別人的評價而心情起伏、患得患失，產生很多的煩惱。

——

（選自《歡喜看生死》）

07

究竟是快樂
還是不快樂？

　　我曾問過一位滿胖的女孩子，問她為什麼會這麼胖？她說：「我也不知道，只是覺得忙時無聊，閒時也無聊，無聊時就吃東西，吃東西就很快樂，我整天都在吃零食。但是，我很討厭我這麼胖。」喜歡吃又討厭胖，這究竟是快樂還是不快樂？

❈ 世間欲樂皆短暫

　　在我出家的鄉間，那時候大家都很窮，廟裡只有到過年時，才能吃到糯米做的芝麻湯圓。就有一個愚癡的出家人，認為一年都吃不到，要吃

個夠本，於是連吃了三大碗，吃得好快樂。因為糯米湯圓太好吃了，他連咬都不咬，就這麼囫圇吞地把一個個湯圓吞到肚子裡去，結果糯米不消化，在肚裡結成一團。晚上睡覺前，覺得肚子不舒服，連呼吸都很困難，他就到佛殿上抱個大木魚，用木魚壓著肚子，邊敲邊念著：「阿彌陀佛，讓我放個屁吧！」

　　那時候鄉下也沒有醫院，於是請了位中醫，醫生叫他吐，叫他嘔，叫他瀉，都沒辦法，最後他就死了，火化之後，結成一團的糯米變成了一個黑球。他吃的時候是很快樂，可是居然會吃到喪命，這是很可憐的事。從此以後，我只要看到有人吃湯圓，都會勸人少吃一點。

　　以上兩個例子是說，世間的樂都是暫時的，不是絕對而持久的，唯有解脫樂才是永遠的。得解脫的人，不會緊張、恐懼、飢渴，飢渴又分為

物質與精神的飢渴。

❀ 忙得很快樂

　　有人問我:「師父,你在任何地方都很忙碌,工作量又多又重,你忙得快樂嗎?」忙,有的是身體忙,有的是心在忙,如果學會禪修的觀念和方法,就能像我們前面說過,永嘉禪師〈證道歌〉所說的「絕學無為閒道人」,那我還有什麼好忙的呢?我雖然沒有得大智慧、大解脫,但是我在學習著禪法,所以我不覺得有那麼忙,而且還滿快樂的。

────

（選自《聖嚴法師教默照禪》）

08

為何什麼都有，
卻不快樂？

有一次一位居士要介紹一位女士來見我，說她有名有錢有地位、有公有婆有父母、有兒有女有丈夫，什麼都有，就是沒有快樂，所以希望我能指點她幾句話。

❀ 少了一點智慧與慈悲

見了面，我問她，要我告訴她什麼？她說她已不少什麼，只是感到缺少一些自由，也好像一輩子都在為他人而活，所以不覺得有什麼幸福。我告訴她：「妳不是沒有自由，也不是沒有幸福，只是少了一點智慧，缺了一些慈悲。也許最

近太累了，妳需要休息幾天吧！」

✺ 太在乎自己與環境

　　我告訴她：「智慧與煩惱相對，不快樂是因為太在乎自己的存在，也太在乎周遭環境的存在，這是很累人的。慈悲與怨瞋相對，不幸福是因為自己不想付出太多，相反地，他人卻還嫌妳付出太少，這是很煩人的。如果妳有智慧，就知道一切世間的事物，起起滅滅、來來去去，都是暫時有而本來空，何必那樣地在乎自己、在乎他人。如果妳有慈悲，就不會計較付出的多少，不會在乎他人的反應如何，只是為了愛護環境、照顧他人，而做奉獻。有智慧者能夠放得下，因為一切本來就是空的；有慈悲者能夠提得起，因為有世間就有業，多造善業，多結善緣，正是菩薩的心懷。如果既有智慧又有慈悲，就會發現妳是

天天都在自由自在地生活，天天都在心甘情願地
奉獻，當然不會累也不覺得煩了，連休息幾天也
用不著了。」

———

（選自《智慧一〇〇》）

禪一下	對人慈悲， 就是讓別人有路走， 而整個世界是個生命共同體， 讓別人過得快樂、自由、有希望， 最終一定也會利益自己。

09

追求快樂是人生
起點還是終點？

　　釋迦牟尼佛告訴我們，人生有苦，包括：生、老、病、死、怨憎會、愛別離、求不得，以及五蘊熾盛等，總稱為「八苦」。苦是人生的事實，不過正因為有苦，所以人一出生就希望追求快樂，因此達賴喇嘛曾說：「生命的目的是追尋快樂。」他採取與釋迦牟尼佛相對的角度來說，佛陀講「離苦」，他則講「得樂」，但呈現的都是人生的實相。

　　雖然說追求快樂是人的本能，但必須先釐清：我們所追求的快樂是什麼？

　　其實人類從出生開始，最重要的不一定是追

求快樂，而是滿足欲望，例如對食物、生活安全等欲望的滿足，一旦欲望得到滿足，就會產生快樂的感受。因此，「快樂」和「欲望」兩者間有絕對的關係。

在物質上追求快樂、滿足，應該是現代人共同的傾向，否則物質文明不會發展得那麼快。可是，在追求快樂的同時，不禁令人懷疑，我們所追求的快樂，是不是可靠？能不能維持長久？

適可而止的欲望，本來是無可厚非的，但是如果不合理、無止盡地追求欲望，就會因為欲望得不到滿足而產生各式各樣的痛苦。所以，人們表面上在追尋快樂，事實上卻也在追尋痛苦，因為所追求的快樂，都要付出痛苦的代價，而且快樂不會是永久的真實，它只是一種暫時的現象，說穿了不過是一種幻影。

❀ 苦樂的循環

　　而且，享受快樂之後，又會回到痛苦的原點。所以，人生不過是從苦到樂、從樂到苦，一個永不間斷的循環而已。只是人們自我安慰，假想自己所追求的就是快樂，結果卻永遠陷於痛苦之中。

　　佛教的密宗雖然特別重視「大樂思想」，但這是指修行過程中，在精神上產生的喜樂。例如修習禪定時有所謂的「禪悅」，只要能夠修到身心統一，就會有一種沒有綑綁、束縛的舒暢感，也就是「輕安」的快樂；又例如中國淨土宗以求生西方極樂世界為終極目的，也是以「極樂」來形容修行到最後的境界，可見修行的確可以得到快樂的結果。可是，修行的目的並不單只為了自己追求快樂，而是為了幫助別人遠離痛苦、得到快樂。

✺ 但願眾生得離苦

如果僅以追求快樂做為人生的目標，很可能會變成一個享樂主義者而有所偏差，更有可能適得其反地帶來痛苦。達賴喇嘛之所以說：「生命的目的是追尋快樂。」是站在眾生的立場，迎合現代人趨樂避苦的心理，我們千萬不要誤解達賴喇嘛真正的意思。

因此，追求快樂只能說是一個起點，是人類共同的希望，不能誤以為追求快樂就是人生的最終目的，否則，僅追求物質生活上的快樂，帶來的結果可能就是痛苦。而且以佛教的立場而言，應該要有「不為一己求安樂，但願眾生得離苦」的精神，當一切眾生都得到平安與快樂時，你才會真正的離苦得樂。

（選自《真正的快樂》）

苦中作樂的人生

　　人究竟為何而生存？生命的價值究竟何在？又何處是人生的歸宿呢？人在一帆風順、平步青雲、受人器重時，通常不太會考慮這些問題，當在孤單、失意或面臨許多困擾挫折時，則難免茫然。

　　以佛法的觀點而言，苦樂、貧富、貴賤、榮辱的心路歷程，即是人類生存的目的；止惡修善、自利利他的生活方式，便是生命的價值；除了選定目標，努力以赴，人生別無歸宿。

✳ 苦樂參半的人生

苦與樂、貧與富、貴與賤、榮與辱，都是相對的。苦過，不一定有樂；有樂，一定曾經苦過；樂過，可能即是苦來。貧富、貴賤、榮辱亦然。

我有位在家弟子，太太是既漂亮又能幹。我讚道：「你真幸福，太太好漂亮，又很能幹。」他說：「師父，這叫苦盡甘來！我能追到這太太，花多少年的工夫，好苦哦！」我說：「真正的苦，只怕還在後頭呢！」他說：「我知道，苦中作樂，苦樂無常。」

另有一位在家弟子，他的父親是大企業家，將整個企業交給了他。我問：「你真幸運，生而富貴，現在又繼承了產業，從來不知有窮的滋味，對不對？」他說：「師父，您錯了，我也是窮過來、苦過來的！」原來，他的父親，因為怕

他長大之後，不知道窮的滋味而蕩盡家產，所以從小開始，就限制他用錢，訓練他自給自足，讀書時，照樣打工，而且把他送給人家管，不在自己的公司裡上班。

事實上，貧與富的本身，也沒有一定的標準，當今的大企業家們，往往是轎車、洋房、排場堂皇，但是也有一些空心大老倌，只是拿群眾的錢做生意。

❀ 人類生存的目的

人類生存在這世界上，不管所追求的是富、貴、榮、樂，必有其背後相反的經驗存在，而這些正負經驗的心路歷程本身，即是人類生存的目的。

至於生命的價值，則在於止惡修善、自利利他。予人方便，滿足他人需要者為善；僅對自己

有利，而對他人不利者是惡。做任何事，若僅有利於己而無益於人，終將後悔，甚至遺憾終生。唯有能夠與人為善，才有永不褪色的安慰。

有位老先生來見我，他說：「這一生之中，最值得安慰的是，我有位學生當了某大企業的總經理，而且，在當了總經理之後，還來看過我一次，他說，因為我在教中學時，我對他還不錯。」

那麼，如果自己的學生之中沒有人當大企業的總經理，是否便是白教書了呢？正在教書時，又怎知道學生之中，有沒有人將來會當大企業的總經理呢？其實，不一定要當總經理，只要尚有幾個學生，還能飲水思源，不做壞事，還算能夠有益於社會，那你應該也覺得很安慰了。

所以，人生只要努力，就是目的，雖然辛苦，還是值得。

（選自《禪的世界》）

> 禪一下 | 只要活下去就有
> 無限的希望和無限的可能，
> 盡心盡力，
> 做到自己能做到的最好，
> 就可對得起自己，
> 也對得起人了。

悶悶不樂
自責不已怎麼辦？

　　自責性的情緒比被他人刺激而受到的傷害更大！因為他人刺激而產生的情緒，可以找地方發洩，或是找到理由來化解，但自責性的情緒則會悶在心裡，不容易發洩出來，也不容易化解。

❀ 改過遷善

　　一般說來，自責性的情緒很不容易化解，而且會持續很久，甚至一輩子！這類的人一想到犯錯的地方，情緒馬上進入低潮，不知道該怎麼處理，有時候甚至伴隨著恐懼，恐懼自己還會犯錯，或是那個錯誤永遠無法彌補，不知道該怎麼

辦，因而走投無路。

　　像這種情緒，心理醫生也不一定能夠解決，唯有使用佛法的觀念，用佛法修行的方法來幫助他。佛法的觀念，就是告訴自己當時是愚癡的，讓自己心生慚愧來懺悔，並求改過遷善，希望能夠多做一些有益社會的事，用有生之年廣結善緣，這樣心裡就會比較安定，情緒也就漸漸能化解了。至於修行的方法，則是多念佛、多做好事、多結善緣，也就是將功贖罪。如何彌補既成事實的過失？只有多做好事。

❀ 懺悔以後重新出發

　　對佛教徒而言，不好的情緒則是透過懺悔來轉變，懺悔以後重新出發，做一個對他人有益的人，藉由閱讀佛經、拜懺、誦經，或念佛共修、做義工等，都可以轉變自己的念頭，而情緒也就

會轉過來。

　　一個本來壞的情緒，因為觀念的轉變，連生活方式也會轉變，變成好的力量，成為修行的動力、修道的助力，這也可以說是逆增上緣了。

　　俗話說「浪子回頭金不換」，浪子本來是專做壞事的，可是當他觀念轉變，人生方向改變了，人生的步調也會跟著改變。所以，將不好的情緒力量轉化成好的修行力量，是很好的轉變！

———

（選自《覺情書》）

> 禪一下｜發願以後，
> 重在實踐，
> 從小處著手，
> 存好心、做好事，
> 才能轉好運。

奉獻快樂

你們是否想過：「人是為了什麼來到這個世界上？」有的人說是為了餬口，為了謀生。但是，謀生要取之有道，取之有方。大家同樣是找一口飯吃，有的人為了這一口飯，付出百分之百的努力和辛勞，反觀我們自己付出了多少？

❀ 奉獻所長

我每到一個團體或者任何地方，首先想到的是：「我能對這個環境做些什麼？我能奉獻什麼？」如果不能對這個團體、對這個生活環境的人有所幫助，那麼我不應該留下。如果我留下，

就是占人便宜，沾別人的光，是一個多餘的人；如果我只是來謀生，找一口飯吃，那麼這口飯不應該我吃，應該讓給其他的人。

❀ 讓人工作快樂

諸位是否聽過「廣度眾生」、「慈航普度」？如果在團體中不能夠有益於人、有利於人，至少要做到讓人在這裡能夠快樂一些，工作的時候也能夠快樂一些，這樣在團體裡便是有價值的了。

（選自《我願無窮》）

禪一下	感恩心對待他人， 對自己是最快樂、最平安、 最值得的事， 不但心胸開朗， 而且增長了慈悲心。

13

CHAPTER

如何帶動團體的
快樂氣氛？

　　團體如果要成長，就要工作專業、服務圓熟。服務態度要「內方外圓」：內方就是做事有原則，不會受到外面的影響而變動；外圓就是做人要圓滿，不要傷害人，讓每一個來到公司的人都能留下好印象。

✿ 態度柔軟，和諧相處

　　在工作鍊心的態度，就是要柔軟。所謂「柔軟」，就是待人恭敬、有禮貌；「敬人者人恆敬之」，是人我之間溝通的不變定理。譬如同樣一件事，你先承認自己的錯誤，通常對方也會跟著

讓步；如果互不退讓，就會僵持不下而起衝突。

所以，不管誰吃虧，誰占便宜，我們都要常說「對不起」或「謝謝」，只要承認自己占了便宜、讓對方吃了虧，對方就會覺得受到尊重，而能繼續合作。

除了態度要謙恭外，還要主動溝通，而不是被動等別人來溝通。雖然事情的負責人可能是別人，但是如果他不處理，你也會受影響，所以，我們要感謝別人幫忙。有衝突時，要用誠懇的態度致歉，用感謝的心溝通，不要隨便指責對方，這樣才能良性互動，人與人之間才能和諧相處。

✿ 互動熱忱，士氣高昂

其實人事的順利，還是要建立於平時的互動，彼此有熱忱的互動，才有高昂的士氣。所謂「互動熱忱」不是干擾人、干涉人，而是共識的

凝聚。工作部門可以定期聚會，讓彼此有機會互相鼓勵、激發活力。如果主管能尋找適當時間為自己的組員打氣，確實帶動團體氣氛，這樣自己的士氣也會飽滿。萬一主管不打氣，甚至自己也沒氣，那麼部屬會更沒士氣，慢慢就會失去工作熱忱。畢竟部門上下是一體的，會互相影響。

　　我們要珍惜工作的機會與工作的環境，不要一遇到不順利、不順心，就想換工作，這樣一來，即使你的工作經歷看起來多姿多彩，其實沒有安定感和穩定性，也沒有著力點。所以，在任職以後，希望能做長遠的計畫，盡量地學習，讓你的工作品質提昇，人格品質也藉此提昇。

——
（選自《帶著禪心去上班》）

14

和喜自在
才能和氣生財

「和喜自在」的這個「和」是指要和樂、要和諧，請問是誰跟誰和？是我們自己要跟自己和，自己不要跟自己矛盾、不要跟自己衝突，自己的內心不要矛盾衝突，自己跟自己要和諧，自己與其他的人也要和。

通常的人總是希望別人跟我們和，實際上應是我們自己要跟他人和，和的方式是指我來配合你、我願意來傾聽你、我願意來協助你、我願意來為你服務，甚至我是為你而活的、我是為你而存在的，若能如此，不論誰與誰之間，就一定會快樂，這就是喜悅了。

如果彼此不和，我們自己不願意跟別人和，只是希望別人跟我們和，和的機會就是很渺茫的了。自己和了之後，要跟另外的人和，在家庭跟家人和，在工作職場裡有同事、部下或者是上司，在社會上與我們有關係、有接觸的人，我們都是用「和」來跟他們相處。

❀ 和氣生財

諸位一定聽說過「家和萬事興」，也聽過「和氣生財」，這二句大家都會講，但是，跟他人接觸時，就會生氣而不是和氣，那就會生不了財囉，如果在家裡不和，而想跟他人和，這是不可能的事。我們希望家庭中先和，就是夫妻和、跟自己和、跟兄弟姊妹和，家族之間要和。

我對任何一個人，都視為自己的家人，因此我們內部一定要和，然後對外也要和，我希望從

現在開始，請諸位菩薩，一定要記住：一定要和。當你生氣的時候，你就想：「嗯，我應該要和的啊，怎麼生氣了呢？生誰的氣呢？」生自己的氣就是說我自己跟自己的不和，生別人的氣表示跟別的人不和，不論人家對錯，對的，你很感謝他，錯的，你就原諒他、諒解他、包容他，然後再轉變他，這就是你的「和」了，用「和」是一種最好的辦法，絕對不要起衝突，衝突是最糟糕、最不好、最沒有智慧的辦法。

❀ 要和氣不要生氣

「喜」，就是歡喜，如何歡喜啊？能夠和氣的人就一定能歡喜，也就是法喜充滿。過年的時候都會互說：「大家恭喜！恭喜你！」恭喜什麼啊？恭喜發財！要和氣才能生財，如果你不和氣，卻恭喜人家發財，財是不會來的。所以一旦

要生氣的時候，一定要馬上想到要和氣、不要生氣，首先須從我們自己做起、從家庭做起、從團體做起，不論哪個人彼此之間，如果缺少「和喜」兩個字，都要自己好好地慚愧，要好好地懺悔，且把它改變過來，你就能夠感動人。

我們不是要感化人，而是要感動人，用什麼感化自己呢？用「和喜」兩個字感化自己，能夠感動人、感化自己，就能得自在。一個是心的自在，一個是身的自在，我們人與人之間相處得和諧時就會快樂，就能得自在。「自在」的意思是指不會受到困擾，這就是自在；雖然有人做錯了事，做錯事的人是很可惡的，好像希望整他一下、罵他一下或恨不得揍他一下，但你罵他、揍他、恨他，並沒有用處，而是要感動他，這股力量才是最大的。你感動他以後，他也和，他也喜，你也和，你也喜，然後彼此都能自在，你自

在，他也自在。自在的意思不是放肆，而是我的
內心不受困擾的影響，不被困擾，不管是什麼狀
況出現，都能用慈悲、智慧來處理，用慈悲來對
待人，用智慧來處理事，那就自在了。

——

（選自《法鼓山的方向Ⅱ》）

禪一下

面對生氣，
要學會「反觀自照」，
也就是照一照自己的心念，
問一問自己為什麼要生氣？
一旦常常照這面反省的鏡子，
就會發現，
根本是可以不用生氣的。

15

CHAPTER

如何把對手變成
助手？

　　佛教裡的「同事」，和一般世俗所講的「同事」──一起共事的意思──有相同也有不同。相同的地方是一起共事，這是原則；不同的地方是，共事的目的是什麼？共事如果為了自己，或自己希望得到什麼，這就不是佛教所講的意思。佛教所講的「同事」是，希望改變對方的氣質、想法與觀念，增長對方的智慧和技能，讓對方成長更快、發展更好。因此自己參與對方的團體，從共事中學習他的長處、觀察他的短處，把自己的長處奉獻出來，使對方更順利成長，朝正確的方向發展。

✸ 同事與成事

多半的人遇到難以相處的人大概就會放棄，因為繼續相處的話，自己也會受到傷害。但是站在佛教徒的立場，會從兩個角度看：一個是同事，一個是成事。同事是，為了促成一件事而共同工作，因此雖然和另外一個人相處不愉快，可是為了完成事情，還是要忍受他、接受他。也許對方個性比較倔強，對意見很堅持，但他能夠把事情做好，自己退讓一點也是應該，這就是同事。

一般人都希望自己是強有力的領導者，總認為自己的頭腦最好，希望大家聽自己的意見，如果是這樣，可能和任何人同事都有困難。對於下屬都只當成同事，很少用要求或指責的語氣對待他們，我想這就是最好的同事。可是遇到不容易相處的人，又希望彼此的關係比較圓滿時，該怎

麼辦？這時候不要把事情當成阻力、不要把他當成敵人，讓他負責某部分單純的工作就好，盡量不要讓他參與溝通協調，這樣他就不會與別人產生衝突了。

這在佛法來說，稱為「默擯」，而不是「孤立」。默擯是不需要與他有太多溝通，而不是讓他自生自滅；讓他自己發展，他也能走出一條路來，也能發揮一分力量。這種人是有頭腦的人，只是個性強而已，我們還是要包容他。一個團體有所謂的「龍蛇混雜」，蛇也有蛇的作用，並不一定會咬人，甚至有的蛇漸漸也會變成龍。所以，一個最好的領導人是對於所有人都能夠包容。

❀ 處理事進退自如

如果你所選擇的同事給你找麻煩，你只有面

對他。這意思並不是與他對抗，而是接受這樣的事實，之後要如何處理呢？那要靠智慧，有的是溝通，有的是妥協，有的是考慮自己的進退：要不要繼續做下去？也許他把你的位置搶去，你的位置變成他的位置，這時候你自己放不放得下？你如果有智慧的話，還是把工作做得很好，他自己會知難而退，這是最高明的作法；倘若逃避現實，就不是很好。

面對的時候就是要認識它、了解它。處理的時候是為對方設想，告訴他會發生什麼問題。有時候當下可能會吃一點虧，可是稍微迂迴一下，就不會再吃虧。我們往遠處看、退一步想，路會走得比較寬、走得比較遠。

處理事情時可進可退，並非一成不變，一定要逼迫別人或者一定自己退讓，而是用智慧處理。處理後，自己可能是贏的這方，也可能是輸

的這方。不管輸或贏，既然已經處理了，心裡就不要有芥蒂，還是把對方當成朋友。如此一來，或許對方最初是你的死對頭或者對手，轉一個彎後，可能就變成你的助手，是你的助緣。

——
（選自《不一樣的佛法應用》）

以和為貴

共識的意思就是有默契，有了整體感、責任感、菩提心之後，和他人間的默契自然就會產生。雖然我們的性格、想法、出身背景、教育程度各有所不同，若能放下自我，成全整體大眾，默契自然就會出現。

一般人所謂的共識是兩人共事很久，彼此知道各自的想法、作法。就僧團的默契而言，比較容易培養，因為我們不是以個人的嗜好、性格、興趣為默契，而是以整個僧團的形象、理念及正確的佛法知見為默契。

✿ 柔能克剛，和能成事

常住眾有時也會為了詮釋師父的理念、整體的形象，而發生知見差異的爭執，當遇上這種情況，怎麼辦？

其實人有剛、柔之分，剛強的人雖然短時間略占上風，然而安人者必然是柔順者及和眾者，因為柔能克剛，和能成事。

柔並非一味地消滅自己的想法，而是要消融自己的性格、想法、情緒等，同時包容對方的差異。若雙方的性格都是剛烈的，便很難達成默契，且易造成兩敗俱傷。唯柔能和，所以團體的共識應以和為貴，彼此相應，一團和氣。

僧是三個人以上的出家團體。有句話說：「一個和尚挑水喝，兩個和尚抬水喝，三個和尚沒水喝。」為什麼三個和尚沒水喝？主要原因是彼此不和。若想有水喝，就得彼此分工、合作

無間。

　　僧中的任何一項職務都必須以和成事、以敬
安人，若互有衝突而不彼此協調，就有違出家人
的和敬原則了。

✻ 剛柔並濟，以退為進

　　解決衝突的方法有二，首先當充分了解實際
的狀況，若有必要，再做妥當的調整。其次可找
雙方談話並予以協調，若當事人有所爭辯，協調
者務必保持中立，放寬心量加以包容，切忌直接
評斷、指責或給予建議。

　　若有對立，便生不和，因此需要以親切的關
懷及彼此的尊重，來紓解雙方不平的情緒，如此
才能維護僧團的和樂。

　　佛法是剛柔並濟，以退為進，以疏導代替直
接的衝突。和合是自己存在的同時，也讓對方有

伸展的空間。

───

（選自《法鼓晨音》）

能夠不為自己的欲求而奉獻，
就算得不到回饋也不計較，
這才是最快樂的人！

禪一下

快樂 EQ——
六和敬

「六和敬」是佛教僧團的生活原則，也就是讓彼此能夠和樂相處的觀念，基本原則一共有六個項目，分別是：身和同住、口和無諍、意和同悅、見和同解、利和同均，以及戒和同修。

❀ 以六和敬為團體生活原則

第一項是「身和同住」，就是與大眾能身心健康和諧地同住在一起，身體行為上不發生肢體衝突。

第二項是「口和無諍」，也就是彼此能夠溝通、協調、勉勵、互助，而不產生衝突。彼此不

要用語言來互相交戰、刺激別人，因為言語的爭戰是很可怕的，言語暴力會帶給別人嚴重的創傷，一句話可能傷人一輩子。

第三項是「意和同悅」。由於志同道合，大家的心都是和樂的。「悅」指的是「喜悅」，不論是別人所看到、聽到的，或是我所看到、聽到的，心裡面產生的反應都是歡喜的，例如當我們同在觀賞一朵花時，別人看了覺得歡喜，我看了也覺得歡喜，任何一個人的心，都是同樣保持著和諧喜悅。

第四項是「見和同解」。「解」指的是見解的解，也就是看法、想法。看法可以大同，可以小異，小異之中又可以有大同，大同之中又不妨有小異，可以讓人發表自己的意見，自己也可以表達自己的意見，但是到了最後，就是相互覺得彼此的意見都是合理的，別人的意見是對的，自

己的意見也是對的，或是彼此協調，尋找一個折衷點、一個交集點，有共同點時就不需要再爭論了。見解既是相同的，便是見和同解。

第五項是「利和同均」。如果人人都不再只求自利，能夠考慮到自己的利益就是他人的利益，他人的利益就是自己的利益，所以我們和他們之間的利益便是互通、相同的。那麼對他人有利，其實也就等於對自己有利，當自己得利時，一定也對他人有利，彼此之間自然就不會發生利害衝突。如果所有人都是平等的，資源能共有、共享，相處自然和諧。

第六項是「戒和同修」。「戒」指的是規則、戒律的意思。戒律是生活的共同規範、規約與守則，既然大家生活在同一個團體裡，便要遵守共同的生活規範，彼此之間是和諧相處。我們通常在社會交際上，至少都會屬於某一個團體，

包括一個家庭、一個學校也是一個小團體，共修會也是一個團體，任何三個以上共同生活在一起的人，就是一個團體。團體應該有共同生活的規範，並且共同遵守。

✿ 相處氣氛更加和諧

以上這六個項目就是六和敬，是釋迦牟尼佛為出家弟子制定的僧團生活準則，依據此六和敬，出家弟子很容易便能夠達成團體和諧相處、精進修行的目標。而這些項目如果運用在我們的日常團體生活中，包括職場、家庭等，相信一樣能達成相同的效果。

無論是在政府機構或是公司行號，都可以將六和敬的原則運用在生活裡，雖然說你有你的原則，他有他的原則；你有你的規範，他有他的規範，但是原則應該是相同的。也就是說，如果我

們能夠把六和敬的觀念，推廣到一個團體裡面，或者推廣到職場裡面，大家的相處氣氛就會更加和諧。

——

（選自《工作好修行》）

禪一下

所謂「知足者常樂，少欲者離苦」，
我們不但自己要做到少欲知足，
以避免「求不得」所帶來的痛苦，
還要進一步為眾人設想，
把自己的努力奉獻給眾人、
為眾人服務，
使眾人都能夠遠離痛苦，
得到真正的快樂。

18
CHAPTER

獨樂樂不如眾樂樂

不能和他人和睦相處、不能尊敬人，老是想到自己，伸展自己的想法、需求、理想，特別是伸展自己的私欲，那很糟糕！

✿ 尊重他人，以和敬為先

記得我小時候，有一次我哥哥從上海帶了一串香蕉回家。因為路途遙遠，香蕉皮已經發黑，但因我年紀最小，所以分到完整的一根，我吃了一口覺得真好吃，又甜又香，從來沒有吃過這麼美味的東西！

那時我心裡想：學校裡的同學一定也沒有吃

快 樂 禪

過，於是我就把它帶到學校獻寶，也讓同學們高興，嘗一嘗這麼好的味道。可是因為同學多，所以就不准他們咬，只准他們每人舔一口。舔著、舔著，舔到最後，有一個同學卻一口把它吃掉了，結果其他的人都很生氣，大家追著要揍他。

這則故事是說，當自己有東西和大家分享的時候，大家都很和樂、很快樂，可是只要有人私心一起，想一個人獨吞，就會引起大家的不滿。

我把香蕉分給同學，在六和敬中稱為「利和同均」，類似俗話說的「有福同享」。此外，我們難免會有和他人見解、想法不同的時候，如果你說你有理、他說他有理，那就會爭持不下。

❀ 和敬待人，尊重他人

從佛法來說，眾生有種種性、有種種結，我們要和敬待人，尊重他人。尊敬、尊重他人的想

法，並不是就不要有自己的想法，而是當自己有別的想法時，還是可以提出來，只是當其他人不贊成時，那就要妥協，尊重他人的想法。

不過，有些人會反過來說：「那你為什麼不尊重我？」如果這樣堅持自己的想法，不尊重他人的想法，就不是和敬！我們應該拿和敬來要求自己，而不是要求他人，為了「和」，就要尊重他人的想法。

———
（選自《法鼓家風》）

| 禪一下 | 懂得關懷他人的人，
較能使自己少欲知足而不起瞋心，
促成和諧的人際關係，
帶來和樂的家庭環境。
這就是從慈悲心出發，
產生了智慧，
自利也利他。 |

19

CHAPTER

關懷他人的智慧

德蕾莎修女沒有很多財富或學問，卻過得非常快樂，而且還讓周遭的人也感染到幸福。佛陀也是一樣，他在世時是一位有錢、有地位的王公貴族，但他捨棄了富貴的生活，在簡樸的修行生活中悟道而開啟智慧。

❁ 解決自己與他人煩惱的智慧

佛教是一個非常重視智慧的宗教，無論在哪個時代，佛教徒都比較不重視物質，而著重精神層面，尤其智慧方面更是如此。佛教所說的智慧，是指能讓自己減少煩惱，甚至根本沒有煩

惱，進而幫助他人解決煩惱的一種能力。一旦具有智慧，不但能讓自己解脫執著的束縛，也能幫助他人從根本上獲得存在的喜悅。

禪宗的六祖惠能大師。他沒有受過教育，生活也非常困苦，可是卻能成為一代祖師，原因是什麼呢？因為他具有超脫生死煩惱的根本智慧，而這種智慧的產生，與知識學問或社會階層無關。

這種根本智慧又是如何產生的呢？這種智慧，不是一般人想求就能求得到的，因為一般人所謂的「智慧」，大部分是指知識與學問的追求，通常只是在觀念與思想上得到成長，但這並非所謂的根本智慧。唯有將自我與追逐外境的心放下，心才能愈來愈清明、客觀，智慧才能漸漸生起，最後甚至連主、客觀的觀念也放下，沒有二元對立，才能達到最高境界的智慧，而這種境

界就是佛陀所謂的解脫之道。

✾ 根本智慧

　　如果想要減少煩惱與痛苦，最好的方法是先尊重他人。如果能以善待自己的方式來善待他人、尊重他人的想法與需求，而非企圖駕馭或控制對方，就是一種智慧。禪宗所謂的根本智慧，其實是沒有智慧，意思是說，不要只在乎自己的想法有沒有表現出來，應該將注意力用來關懷他人，如此才是真正的智慧。

――

（選自《不一樣的生活主張》）

禪一下	健康快樂，就是有福， 所以幫助自己， 也幫助別人健康快樂， 我們就是在種福。

禮儀環保得人緣

禮儀是什麼？是人與人互動時的表現，心有心儀，口有口儀，身有身儀，這就是禮儀。

✿ 善用語言

心儀是心靈環保。口儀是我們與人互動之間的用語，或是打招呼，或是交談，或是慰問，這些都是要用有禮貌的話、正面的話、勉勵的話，或讚歎的話，而不是指責、批評，或是一句話讓人聽了起反感，或是聽了你一句話，讓人要恨你一輩子。說話的時候，不能讓對方記恨一輩子。別人可能因你一句話，一輩子痛苦，或者覺得一

輩子沒有前途、沒有希望。這些話都是口出刀劍。如果是口出刀劍，那我們要好好檢討。

若語言使用不當，那就會成為沒有人緣、不受歡迎的人。因為他的表情讓人很痛苦，他說出來的話讓人痛苦；他跟人家合作的時候，叫人痛苦。而當事人認為這個環境裡所有的人，都是惡人、壞人，都是不可救藥的人，只有他一個人是好人、是聰明人、是慈悲的人。因此，要組織工作團隊時，大家就會問起，是不是和某某人同一組？當知道這個人和自己同一組時，都說我們不需要他。這種人，生活非常痛苦。不但他痛苦，團體其他人也痛苦。他希望團體為他改變，變成他所需要的人，變成他覺得很好的人，他能夠接受的人。這可能嗎？不可能。

一個人若不是從內心運用佛法，也不從內心落實禮儀環保，就會讓人家感覺到痛苦，自己也

不會快樂，所以請大家要特別注重口儀。

❀ 行為不要讓人不快樂

身儀是什麼呢？就是你的生活方式，你的動作、舉止、行為不要讓人感覺到不快樂、不舒服。我們的生活範圍就是這麼大，經常都會碰到面。如果碰到面，你的面部表情相當怪異，你的一舉一動也讓人家感到不舒服，你就是沒有菩提心，因為你忽略了其他人的感受。我們身體的行為，主要就是不可以妨礙人，不要讓其他的人起煩惱。由於身體的行為讓人起煩惱的例子有很多，諸如需要排隊的場合，有些人就是習慣插隊。插隊的時候，你跟他講應該要排隊，勸說時，他會回話說：「我就是這個樣子。」這樣子好嗎？不好！如果其他人也有相同的行為，那就會有糾紛了。

心中想什麼，面部的表情會表露無遺。所以心中應該經常保持平穩、平和，心中有情緒，會顯現在所講的話以及動作中。我們的心很重要，要經常保持平和、慈悲、寧靜，這樣就不會把情緒發洩在其他人身上。

　　我認識很多人，因為心中常常有情緒，所以出言都不是那麼有禮貌，連跟師父講話都會吵架。為什麼呢？因為心中有情緒。我對他們說，我們要實踐心靈環保，不要有情緒，你發洩情緒給我聽可以，發洩給別人聽，那就是吵架了。

　　所以禮儀環保要重視身儀、口儀、心儀三種禮儀。如果一個人威儀好，這個人一定是實踐禮儀環保的。

———

（選自《我願無窮》）

讓人聽了快樂的愛語

　　一般所講的愛語，是慈愛、愛憐或者恩愛的話，在佛教裡則都是鼓勵的話。佛教講的「愛語」是菩薩的一種行為，是用勉勵、讚歎、安慰、諒解、肯定的話來與人接觸，使別人覺得很溫暖、被尊重或者被看得起。對方被尊重、關懷、鼓勵之後，他的反應自然很正面。所以佛教徒要幫助別人，首先就是使用愛語。不能一開始就使用指責或惡毒諷刺的語言，特別是人與人之間，如果向這位講好話，向那位講壞話，或者對兩個人的話搬弄是非，那樣很糟糕。

❋ 用愛語與人相處

　　佛教講慈悲、講和諧，也講求清淨，更講求和樂的人間。如果能以愛語和人相處，大概不會有敵人；假使有敵人，也能化敵為友。朋友之間常用愛語相處，彼此會愈來愈進步，愈來愈和諧。所以我們推行人間淨土，人與人之間相處，能用愛語最好，否則用惡毒批評的、諷刺的、謾罵的，那樣人間大概只有鬥爭、互相猜忌，愈來愈混亂。所以，佛教裡的愛語非常重要。

　　愛語是關懷、禮貌、尊敬、尊重與鼓勵；諂媚則是使人聽了舒服，明知那句話不是老實話。很多人不希望別人頂撞自己，只希望別人奉承他。諂媚的話不是愛語，那是人與人之間的巧術，並不真誠。

❀ 對人有用的話

　　人都希望聽諂媚的話，這從眼睛看得出來；其實不僅如此，從聲音、音調中也可以聽出來。很多人喜歡聽違心之論、拍馬屁的話，這種人不是有智慧的人。我們談的愛語，是對對方在各方面都有用的話；而諂媚的話對對方並沒有利，感覺好像在恭維他，可是對對方的人格、事業，往遠看或往大處看並沒有用處。

　　用愛語的方式和別人相處，得到的反應和效果一定成正比。你給對方愛，他也會回饋愛；你給對方的影響，他也會模仿學習，也會用愛語來帶領人。

　　所以，只要主管能經常使用尊重、鼓勵或讚歎的語言，哪怕是指責的口吻，對方聽了還是會覺得很溫暖、感動。聽的人會覺得老闆或主管對他很關懷，雖然語氣強勢，但還是能感覺到是勉

勵。平常就這樣表現的人，帶領部下或朋友時，也會用同樣的方式，因為一般人會邊學習邊模仿，也會分享。當他感受到主管或老闆或父母是這麼好時，他對自己的部下、兒女或朋友，也會分享自己的這些感受。

相反地，如果人與人之間，都用惡毒的話或猜忌、嫉妒、諷刺的心態來和人家交談，聽到的人也會給你一句難聽的話，彼此之間就會產生衝突。

———

（選自《不一樣的佛法應用》）

禪一下

用煩惱的聲音講話，
自己就是煩惱的，
也讓別人生起煩惱來；
用清淨的聲音講話，
自己是清淨的、快樂的，
也能讓別人得到清淨與快樂。

22

CHAPTER

如何讓大家
上班的心情愉悅？

　　六和敬中的「意和同悅」，是一種最愉快的
溝通觀念。「意」指的不是意見，而是情意、感
情，是屬於意念的，也是感性的。

❀ 禮輕情意重

　　人與人相處溝通，不一定都要靠語言，也不
一定要透過物質，有時候是一種心意的交流。
常言說：「禮輕情意重。」這就是意和同悅的
「意」。像是如果我送你一朵小花，價值不在這
朵花的價格，而是小花代表著我對你的關心；送
你一樣小小的禮物，並不是這樣禮物對你有多重

要，而是這份禮物隱含了我的關懷，這才是貴重的地方。透過這份薄禮，讓你感受到我的祝福，我的心意你領受到了，這就是彼此之間一種感情的建立。

還有所謂真情流露時，這種真情的表現也是「意」，這是真心的，無法用言語描述，也不能用任何東西表達，但是你卻可以曉得這個人是很真誠的。人的感情非常微妙，有時只要彼此看一眼，透過眼神就可以感受到；有時只是簡單地握個手，就可以感覺得到對方是否真的關心你，感情濃淡並不在於握手的輕重，這是很微妙的事情，只有當事人察覺得到。

又例如在一個聚會場合，如果感覺到空氣是凝固的，那麼不但你會不舒服，我也會不舒服；如果空氣裡洋溢著和諧的氣氛，大家的心情都愉快，當其他人進了這個場合，也會覺得好輕鬆、

好愉快，不需要用言語傳達，每個人都感染到愉快的心情，這種和諧也就是意和。意和了就能同悅，你很愉快、我很愉快、他也很愉快，彼此之間心照不宣，這是一件令人非常歡喜的事。

假使在我們之中，有兩、三個人，甚至只要有一個人心裡很煩悶、很痛苦，如果他表現出來了，我們眼睛看得到，當然就會覺得不舒服。奇怪的是，即使他表面若無其事，我們也可以感受得到，會覺得好像有什麼事情發生，心裡感覺怪怪的。這就是意不和。

❀ 經常保持心情的愉快

「意和同悅」的「悅」是經常保持心情的愉快。這非常重要，見到任何人都要保持愉快、真誠的心情，來欣賞、接納對方，彼此之間就能營造出一種令人愉快的氣氛。也有的人匠心獨運，

很快就能營造出那種和諧的氣氛，使人一看到就很歡喜。真誠的心或是充滿喜悅的心就像是能量一樣，能在無形中散布出去，只要有歡喜、欣賞、包容、讚歎的心，這種意識、心意，周遭的人都可以感受得到，而且，對方也會回饋給你，這就是意和。

如果在一個團體裡，大家都有這樣的一顆心，就能達到意和同悅；一個家庭裡，夫妻子女之間，不一定非得要有形式上的擁抱或是親密的動作，只要能營造這種「意和同悅」的氣氛，相信每個成員的心情都會非常愉快。

——

（選自《工作好修行》）

以智慧處理事，
以和樂同生活

智慧不是知識、不是經驗，也不是學問，而是基於慈悲心，應該怎麼處理就怎麼處理，應該怎麼做就怎麼做，不要把「自我」放進去考量。

✿ 以智慧處理事

譬如當學生，如果先考慮到成績好不好，先考慮到老師或者師父對你的印象好不好，先考慮到自己將來出路會怎樣，如果只考慮到這些，把「自我」擺在前面，用這種心態處理事情，結果一定不好，因為這不是「以智慧處理事」，而是

以自私心來處理事，是以自己的主觀立場來處理事。

通常我們都是要求別人來跟自己「和」，這是不對的，應該是自己要跟別人「和」。可是如果有人把你當成仇人、當成怪人、當成嫉妒的對象，或者是看不起你：「像這樣的人，怎麼夠資格跟我做朋友！」「像這樣的人坐我隔壁，真是丟臉！」遇到這種人，你還是要跟他和，他跟你和不和，不管他，至少你這一邊沒有這種苦。

❀ 以和樂同生活

如果兩個人發生口舌，因意見不相同，發生了一些誤會，那就趕快念一句「以和樂同生活」，因為彼此之間不和，就會產生不快樂。如果他那一邊無論如何就是不快樂，那你這一邊最好是要快樂；但如果他已經很不喜歡你了，你還

表現得很快樂的樣子，有時會使得他更難過，因為他會想：「這傢伙真無恥，我已經氣他氣得要死，他還那麼快樂！」如果真是這樣，你不要把他當作仇人，也不要老是故意去找他，你不故意去找他就沒有事了。還有，要尊敬他。

雖然有的人智能、體能較差，或者習慣、習性很奇怪，我們還是要尊敬他，尊敬他是現在的菩薩、未來的佛。因為他現身說法，表現得那麼差勁，成為一面鏡子，讓我們反省。

彼此之間要尊敬關懷、互相照顧，能夠尊敬相待，就能夠和樂相處。

———
（選自《法鼓家風》）

如何與同事
合作愉快？

　　我們人的兩隻手雖然各自獨立，但是當需要雙手同時拿東西時，左右手會自動互相支援；雙腳也是一樣，只有兩隻腳交錯地走，才可以走得快、走得穩。

　　管理的原則首重互助合作，任何團體都是由一個一個單位組成的，但是彼此間仍要互相配合，就像雙手雙腳一樣。需要溝通協調時，要主動積極，而不是被動等待，幫助人也要主動。但主動的人比較辛苦，因為一旦出了事，往往就被認為是多管閒事。所以，一般人由於怕受傷害、怕惹麻煩，往往抱著多一事不如省一事的想法，

不願採取主動。然而，這種想法是不正確的。

❀ 不要單打獨鬥

　　另外，部門間最忌諱單打獨鬥，如此不僅影響整體決策，有時也造成資源的浪費。當需要其他單位支援時，可由主管先徵詢該部門主管的意見，是否能支援人力、物資或其他協助。如果不能支援，能不能給予意見？如果最後還不能給予任何支援時，就要再找上層主管處理；若經協調、溝通、商量，還是有問題發生，那就要自己負責了。

　　同事間也是一樣，雖然各有各的職掌，但部門是整體的，不能互不相干、互相對立。彼此間要互相支援，才能靈活運用；即使幫不上忙，也要互相慰勉，感覺每個人都是自己的後援支持者，才不會落入單打獨鬥、孤立無援的境地。

在實際工作時，常有一種情形發生：有外面的人或另一單位的人來詢問你們單位的事，但因為不是你負責的事，就馬上推說不知道，該問誰不知道，怎麼辦也說不知道，一問三不知。雖然不是你負責的事，但是應當知道類似範圍的工作是誰負責的，怎麼可能不知道呢？應該盡力為對方解決問題。

也曾見過單位與單位之間有這樣一問三不知的情形，當然可能還有另外一個原因，就是權責劃分不清楚，或是剛好沒有人負責。如果是沒有人負責，一定要馬上主動地承擔，盡量解決問題。

就好像有人不在座位上，如果他的電話響了，你不肯幫忙接，很可能就耽誤到業務；那麼下次當你不在座位上而有緊急電話時，他也不會想要幫你接。像這樣把工作執掌分得清清楚楚，

就好像分配喝水的量，那一杯是他的，這一杯是我的，沒有彈性變化的結果，彼此之間沒有互動、沒有支援，那這個團體就變成一灘死水。

❁ 和樂自在的團體最快樂

彼此支援，是在盡義務，並不是搶別人的飯吃。別人做不完的，我們要幫忙做；即使有人工作品質差、工作效率慢，我們也要慈悲他、幫助他。連對外面的陌生人，我們都會幫忙了，更何況是在同一辦公室的人，為什麼不能支援一下呢？

雖然每個人都有自己本分的工作要先做，但看到同事有困難而不幫忙，那最後受損失的是整個團體。團體受損失，其實也是自己損失；反之，如果團體運作順利，個人的工作品質、工作效率和工作量也會提高，無形中等於是幫了

自己，也促進了彼此的和諧。「德不孤，必有鄰」，你盡自己的倫理、責任努力工作，別人也會跟著這麼做；你身處在和樂自在的團體，自己當然也得到好處。

在同一個部門裡，每一成員都是部門的一部分，大家既然是同一個團隊，就是一個生命共同體，而不是單獨一個人。因此，當主管分配工作後，每個人都要盡力去做，也許你做得不是很好，但其他的人可以協助你；大家互相幫忙把工作做得更好，整個單位的品質就提昇了，效率也提高了，不僅表現出對團體的支持，也會得到社會的肯定讚歎。

___

（選自《帶著禪心去上班》）

如何化解猜忌，
和樂相處？

　　猜忌根本就是人性裡面潛伏著的一個問題，在佛法裡叫作煩惱。因此有智慧或者有慈悲的人，猜忌心比較少。有智慧的人不需要擔心別人猜忌他，有慈悲的人能夠接受人有猜忌心，所以不管是自己或別人被猜疑的時候，依然保持對人的信任，反而就把問題化解了。

　　另外，佛教團體講究「和合」。和諧叫作和合，以和為貴。如果彼此鬥爭，就叫作「諍」。佛教非常注重這個和合的精神，不管是明爭或暗鬥，只要雙方在心理上或觀念上有出入、有所懷疑的時候，一定要說清楚、講明白，彼此溝通協

調好，自然就沒有了猜忌。

佛法講「和諍」，有時候是主動的，有時候是被動的，有時候是第三者發現問題提出來，不一而足。例如主管製造鬥爭，這是最不應該的，當一個主管或是當一個領導人，應該要和合雙方，雙方不和就要想辦法讓雙方和起來，才是正確的作法。我們常聽到人家說知己知彼。知彼、知己，哪一個重要？當然是知己重要。知道自己的長、短、大、小，自己的能力有多強、多弱，跟別人接觸的時候，自己心裡有數，就不需要太懷疑對方，或者是懷疑自己了。

——

（選自《不一樣的身心安定》）

26

CHAPTER

如何和不喜歡的人
歡喜相處？

　　中國人常說的「人緣」，日本話稱為「人氣」。例如，有的明星在戲裡的演出不一定很出色，但是他有某種特質，無形中會吸引許多影迷，很受大家歡迎；有的明星則沒有這種特質，但他的戲演得好、歌唱得好，所以還是會有許多戲迷、歌迷支持他，這是因為他透過美妙的歌聲、精湛的演技，或是他的看法、想法與大家結緣，所以大家都喜歡他。

✿ 有緣的人與無緣的人

　　如果結的緣是好緣，別人自然會主動親近

你，喜歡和你做朋友；如果結的緣是惡緣，別人就會討厭你，不願意和你合作。所以，如果大家都不喜歡你，或許就表示你平時不願與人結善緣。

彼此有緣的人相處在一起，必然感到親切、歡喜；遇到和自己無緣的人，光看對方的模樣就覺得討厭，他的一舉一動，都讓你不順眼、不喜歡，甚至連髮型和動作都可以嫌棄。

如果某個人讓你覺得很討厭，可能是你過去世沒有和他結善緣，或根本結的就是惡緣；也可能是你在這一生中，沒有意願要與這類型的人結緣。但是，你討厭的人未必會真的對你造成不好的影響，那只是你主觀意識在作祟，導致你排斥、不願接觸對方；如果對方也有同樣的回應，就會造成互相敵對的局面，漸漸地，自己就變得沒有人緣了。

✺ 繼續結善緣

當我們遇到不喜歡的人時，不妨這麼想，就是因為自己前世沒有和對方結善緣，所以這一生他老是來煩你、整你、讓你難過，但這些困擾可以讓你有更多磨練的機會、成長的空間，你反而應該感謝他。即使你善待對方，對方還是對你不好，你仍舊要繼續與他結善緣，因為既然過去未曾與他結好緣，此生更應該與他結善緣。如果能有這種觀念，即使見到自己不喜歡的人，也會覺得對方是來成就自己的菩薩。所以，如果別人對你不好，你仍然要善待他；如果別人傷害你，你仍然要一本初衷地照顧他；如果別人欺負你，你應該要原諒他，這就是「廣結善緣」。如此堅持下去，別人便會逐漸被你的態度所轉變。

——
（選自《從心溝通》）

慈悲沒有敵人，
智慧不起煩惱

　　有智慧的人不會為自己製造煩惱；如果遇到煩惱，煩惱會如同雪花進入火爐般，馬上消失不見。他不會受到名位、權勢或利益的誘惑，不會動搖、不會困擾，八風吹不動。什麼是「八風」？八風是稱、譏、毀、譽、利、衰、苦、樂，這都和言語與得失有關係。

　　有人說名譽是人的第二生命，但對智者來說，有沒有名譽沒有關係，自己的良心是不是存在問題更大。所以，一個智者經常保持著慈悲或明智的心，不會考慮自己的問題，只考慮別人需要什麼幫忙，哪怕別人冤枉他、毀謗他、打擊

他，他也可能從另外一個角度諒解他人。

　　曾有一個人寫了文章罵我，我一看，他罵的並不是我，因為我不是這樣，他罵了自己心中要罵的人，和我沒有關係，因此我絲毫都不難過。甚至如果他有困難，需要我的幫忙時，我還是會伸出援手。這樣的態度不會有敵人，因為他有包容心。就像我常常說的：「慈悲沒有敵人，智慧不起煩惱。」

✳ 凶的智慧

　　可以不與別人吵架，但該爭取時還是要爭取；可以不和別人打架，但據理力爭還是必要。

　　凶要有智慧，必要的時候還是要凶；凶並不等於不慈悲，不等於起煩惱。有時候我會表現出很生氣的樣子，讓我的弟子覺得：「師父今天好厲害，金剛怒目，很可怕！」他們的眼睛都不敢

看我。但這並不等於我是起煩惱，我的內心並沒有問題。在這種場合，我需要這樣的態度，讓他們知道我很認真，不是開玩笑。有的時候他們會說：「師父，您也起煩惱。」我說：「我當然有煩惱，因為你們讓我起煩惱。」這樣一說，他們就會安靜下來。

✿ 使得別人也有智慧

這一個是內心的情況，一個是外在的表現，可以是不一樣的。如果我們要讓別人也有智慧，首先必須自己內心沒有煩惱；其次，當別人起煩惱的時候，要想辦法讓別人的煩惱少一些。如果你很安定，不會讓別人感覺到情緒化時，你就是在推動人間淨土，因為你使得別人也有智慧。如果你講了一句話，馬上使別人生氣、使得別人情緒波動，你一個動作使得別人馬上憤怒不已，這

就是沒有智慧。

　　所以，有智慧的人是自己有智慧，並帶動大家不起煩惱或減少煩惱。如果能夠學學打坐、看看佛書，祥和之氣就會增加。雖然要據理力爭，但是不能生氣，不能有煩惱、動情緒。這樣議事的速度和效率會更快、更高，頭腦的判斷力也會更好。因為凡是有智慧的人，對事情的決斷既快且安靜，效果必然更好。

———

（選自《不一樣的佛法應用》）

禪一下

要使氣質轉濁為清，
一定要將自己情緒的煩惱，
轉化為慈悲及智慧。
情緒的煩惱愈淡，
心理就愈健康，
環境周遭的人也會跟著受益。

如何應對
得寸進尺的人？

有一些人會「得寸進尺」；你對他愈客氣，他就愈來愈囂張、愈來愈不服從。這該怎麼辦呢？

✿ 先禮後兵

諸位聽過「先禮後兵」這句話嗎？禮貌與尊敬是應該的，尊敬別人，也是一種自重，但如果對方不接受，那是他不尊重自己，因為接下來，就要開始「要求」了。

但我們在要求人時，沒有必要吵架，也沒有必要拍桌子、翻臉，還是應該和顏悅色。你可以

誠懇地、耐心地告訴對方，希望大家一起好好地把事情做好，不要爭吵。我想，即使對方不願意配合，經過你一而再、再而三地要求，最後他自己也會知道自己做得不好。

關係，要能夠配合才能長久。團體有團體的制度、紀律，今天你是認同了這個團體的制度、紀律，接受了薪水的條件，才願意來的；若你不接受，你也可以離開。事實就是如此，既然在團體裡，就要接受這個團體的制度和紀律。

因此，我以「先禮後兵」來勸勉大家。但「兵」指的不是罵人、動拳頭、拍桌子，態度仍然要有禮貌，要有尊敬之心。也不能用粗魯、惡毒的語言或剛強的語氣，因為這些語言都會讓人覺得刺耳。所以人與人互動時，應該要如此，這樣才能真的和氣。

✺ 和諧相處，工作才會喜悅

假使你能夠做到「和」，你就能快樂、喜悅；你跟人不和，你跟自己也不會「和」的。因為你跟人衝突，自己心裡是不平衡的，不平衡的話，心裡就不會快樂。所以要工作喜悅，一定要先與人和諧相處。

——

（選自《帶著禪心去上班》）

> 禪一下
>
> 如果人與人之間不和，
> 做什麼事情都會有問題，
> 大家就都沒有希望。
> 但如果人與人之間能和諧相處，
> 就可以大事化小、小事化無，
> 即便遇到難關，
> 也能安然度過。

29

廣結善緣帶來好人緣

　　我們都知道貪是不好的習慣，可是有時候我們又會走入另一個極端——慳，也就是小氣、捨不得和吝嗇，有人以為這是節省，其實慳和節省是兩回事。

❁ 節省的目的不同

　　慳和節省的差別，主要在於節省的目的，譬如我們有十塊錢，為了布施而量入為出，努力節省了一塊錢，這就不是慳。相反地，如果我的生活只需花費五塊錢，可是當沒飯吃、沒衣服穿的人向我們求救時，也捨不得將剩餘的五塊錢布施

給人的話，那就是慳了。

因此，慳是即使自己有多餘的東西也不給人，而寧可把它貯藏起來，這樣的行為對他人沒有利益。但它不像貪是硬把別人的東西變成自己的，所以不會損害到人，和貪比起來稍微好一些。

雖然慳不會傷害別人，可是許多人就是因為捨不得布施，反而阻礙了自己的成長和事情的發展。譬如有的人學問很好、知識非常豐富，或是技術相當精巧，但他就是不願傳授給人，也不願意分享給人，死的時候等於把智慧財產帶到棺材裡，這不就等於沒有用了嗎？

又譬如你公司裡有很多的職員，他們為你賺了很多的錢，結果你一毛不拔，那麼這個公司還能繼續存在嗎？有利就應該共同分享，而分享的時候可以分層次，付出的多分享的多，付出的少

則分享的少。

　　一個老闆付出的是資本、是他的智慧與心力，因為他付出的最多，所以得到的多是正常的。但是，一般職員至少也付出了勞力、智慧和努力，甚至還付出了超額的時間來為公司工作，所以給予適當公平、合理的分享，是應該的。如果只曉得剝削，或者不願意和員工分享利益，就會漸漸失去向心力和人緣，這就是慳吝帶來的損害。

❀ 與人分享，增長福慧

　　有的人雖然沒有什麼財產，但是他很慷慨，願意把所有的東西與他人分享，因為這麼慷慨，所以大家都相信他、擁護他，可說是一個領袖人才。而一個慳吝的人，因為不願意把自己的所有和人分享，所以沒有人緣，也不會得到別人的

擁戴。

但是，慷慨和「打腫臉充胖子」還是有差別的。慷慨是自己沒有，或有的不多，而盡其所能地奉獻給人；而有的人則是自己沒有，卻拿別人的東西，譬如用賒、借、偷、搶等方式所獲得的東西來和別人一起享受，也就是慷他人之慨，是在打腫臉充胖子了。

今生沒有廣結人緣的人，來生只會是個愚蠢的人。如果能將自己所擁有的東西與人分享，來生才會增長福慧。

—

（選自《放下的幸福》）

禪一下｜雖不富有，卻能隨分隨力，
自己發願布施，
也勸他人布施，
便是廣結善緣、便是有大福德的人。

30

事事都要
皆大歡喜嗎？

　　換一個時、空為人設身處地著想，是幫助自己解開困局，擴大心胸，至於別人能不能因此而快樂，還得看因緣。

❀ 不因別人而不快樂

　　這麼多年來，我受恩於許多人，但我沒有辦法集所有的力量來報恩，甚至還讓恩人受委屈。譬如早先是很熟的朋友，後來因為主、客觀環境的變化而疏遠，他們有他們的想法、作法，我也有我自己的路要走，不能順著他們的方向，自然無法滿足他們對我的期望，於是他們就感到失

望了。

　　遇到這樣的情境，我是無力處理的，因為因緣際遇人人不同。因此，我在面對學生、弟子時，就會學習設身處地，轉個念頭看事情。在我的弟子中，有好幾個年紀輕輕就過世，也有還俗結婚；更有自立門戶，甚至成為基督教徒的。但我不會因為他們的作為而不快樂，他們有自己的思想、行為，不順我心、不如我意是很正常的，我自己不也是這樣讓一些人不快樂嗎？

✿ 尊重不同的因緣

　　還有一些離我而去自立教派的學生，在外公開批評我，寄書給我看。我了解他們的想法，但要我改變，跟著他們的方向走，當然不可能。這麼多年來，我始終走同一條路，他們有不同的思考，要走別的路，我只有祝福他們。老話一句，

「因緣不同」嘛，只要他們快樂就好，為什麼一定要讓我快樂才行呢？這是沒道理的。

　　至於那些成為基督教徒的人批評我，更是自然，因為他們現在的立場與佛教已截然不同，當然會批評我，這也沒什麼好生氣。

——

（選自《歡喜看生死》）

禪一下	如果愛沒有條件， 彼此之間互動時只有付出， 而沒有想要得到回饋， 這樣就不會由愛產生怨恨。

31
CHAPTER

煩惱心如何轉為 快樂心？

　　心像什麼？曾有人形容，凡夫的心就像風口裡的蠟燭，燭火隨著風不斷地晃動，忽暗忽明；又像是海裡的波浪，所謂「無風三尺浪」，表面上風平浪靜，海裡卻是波濤洶湧。而西藏的寂天菩薩，在其《入菩薩行論》中，則形容我們的心像一隻喝醉酒的狂象，比喻我們的心力大無窮，沒有人能調伏它。

✿ 與佛相應的心

　　曾有人放狂象準備要害釋迦牟尼佛，可是醉酒狂象到了釋迦牟尼佛面前，就醒了。我們凡夫

現在也遇不到佛，該如何降伏像狂象的心呢？就用禪修的方法，包括念佛、打坐、誦經、拜佛，都算是。只有用禪修的方法，才能把那一個力大無窮、像狂象的心綁起來，等漸漸馴服了之後，就能幫我們做工，要它做什麼就做什麼。而且調伏之後，這個心就變成了善心、好心，也就是與佛相應的心。

狂心不與佛相應，狂心稍微遇到一點刺激就會暴跳如雷，不管那個刺激是否合理，都會生氣。有修養的人是生悶氣，不過這樣很容易害病，因為氣發不出來，悶著、悶著，結果積了一肚子的怨氣。可是如果發洩出來，不僅自害，也害人。那個氣就像是地獄裡的火，不斷在燒你的心，身體的細胞會因此死很多，老得就會更快一些，距離死亡又更進一步了。

✿ 隨時隨地反觀自己內心

其實普通人如果出生之後，都是平平靜靜、和和樂樂、歡歡喜喜、輕輕鬆鬆地過日子，活到八百歲也沒問題；如果動不動就生悶氣、動不動就暴跳如雷、動不動就痛苦掙扎，自心淨土沒有了，你看到的世界就是地獄，環境裡都是牛頭馬面、夜叉、羅剎。其實生氣的時候，最好照一照鏡子，看看自己的面孔是像天人呢？菩薩呢？還是魔鬼？人的壽命就是在這種狀況下耗損了。因此，我們要隨時隨地反觀自己內心的狀況，隨時隨地念阿彌陀佛。生氣了，念阿彌陀佛；人家生氣了，也念阿彌陀佛；覺得很難過、不舒服，都念阿彌陀佛。

若平常沒有養成念佛的習慣，臨時要念佛，很難。你會辯解：「為什麼不叫他念佛，要叫我念佛？是他有問題，是他煩惱重，他應該要念

佛。」這樣究竟是誰對誰錯呢？

　　所以，人間淨土的建立是從自心淨土著力。

——

（選自《聖嚴法師教淨土法門》）

禪一下

多一分客觀少一分主觀，
就能多一分和諧諒解，
少一分煩惱爭吵。
不要拿主觀的自我來衡量他人，
這是做人應該具備的修養。

開心工作不受限

有不少人常常覺得，自己的工作順利，甚至事業做得也還平順，生活範圍相當廣闊，但是內心世界或行為模式卻總是像受到某種限制，而被局限在一個小框架裡，心胸開朗不起來。

❀ 眼界開闊，超越一切

所謂的「心胸開朗」，應該可以分為兩個層次，第一種是眼界開闊、心胸廣大。通常一個天性樂觀、豁達，對於現實的環境與遭遇抱著樂天知命心態的人，才能夠做得到。這種人非常幸運，他的性格天生就很開朗，但是這種人也可能

變成對什麼都不在乎，做什麼都好，即使無所事事也不以為意，這麼一來，生活可能會發生問題，生命也缺乏意義。

至於心胸開朗的第二個層次，則是指超越全部的時空環境、超越所有的利害得失、超越一切的成敗是非，這種超越的觀念和心態，才是真正的開朗。

我認識一位原本非常成功的企業家，但後來遇到經濟不景氣，生意開始走下坡，於是心情非常沮喪。我告訴他：「原本你是沒有生意的，漸漸生意才愈做愈大，『生意』原本就不是你的，現在不過是回歸原點，你也只有好好面對它。」

他說：「起初沒有生意時都還好，反而是生意好轉以後，一下子虧了那麼多錢，讓我覺得非常放不下、受不了，實在不知道該怎麼辦才好？」

我安慰他說：「生不帶來、死不帶去，能夠處理的就盡力處理，不能處理的就放下。在這個時代環境中，許多因緣條件配合起來，就會產生這樣的結果，你心裡著急也沒有用。」

他聽了以後說：「難道，就這樣讓全部的事業成為過眼雲煙嗎？」

我說：「你本來就沒有事業，一切等於從來沒有過。將來如果有機會從頭做起，那不也是很好嗎？」

他又說：「我大概沒希望了。」

我鼓勵他：「不要這麼說，這一生沒有希望，來生還有希望，永遠都有希望的。」

❀ 沒有不得了的事

一個心胸開朗的人，對於所有的事情，都不會有「不得了」的想法，但是他能做到該努力的

時候就努力、該迴避的就迴避、該處理的還是會去處理。真的沒有辦法、處理不了的事情，就坦然面對，接受下來。也就是說，遇到任何事情，都要面對它、接受它、處理它。如果當時的現實條件、環境因緣無法處理，也不要再掛心，就放下它吧！

——

（選自《真正的快樂》）

> **禪一下**
>
> 我們面對問題時，
> 心中不以那些問題
> 做為喜怒哀樂的原因，
> 也就是心中不因環境而喜，
> 也不因環境而憂，
> 但會對環境做適當的處理，
> 這就是智慧。

快樂不求人

我們不要老是要求別人的關懷，而要主動關懷別人。

曾經有一個學生在我們中華佛學研究所讀了三年的書，因為我叫不出他的名字，因此很失望地對我說：「師父，我做了您三年的學生，您還不記得我的名字，表示您一點也沒有關心我。」面孔我是認識，但就是叫不出名字，這不代表我不關心他，我是平等地關心，而不是個別的、一個一個地關心。

❀ 以慈悲心關懷所有的人

　　我常常這麼說：「我出家學佛那麼久，我是隨佛出家的，釋迦牟尼佛也從沒有來關心過我呀！」雖然釋迦牟尼佛從來沒有關心我，但是我天天都在用佛的遺教、佛的智慧來幫助自己、幫助別人。釋迦牟尼佛不需要用他的身體來關懷我，因為從他的法、他的智慧，我們已經受到很多的恩德和關懷。感恩佛，所以要使佛的法常住在世間，這就是報佛恩。所以，我們要關懷人，要以慈悲心關懷所有的人，用像佛那樣的慈悲來關懷所有的人。如果你用慈悲心關懷人的話，你一定會覺得非常充實、非常有福氣。

　　如果你老是等待人家的關懷，你一定覺得非常無奈、也非常可憐，到最後不是批評這個、就是批評那個，認為大家都不慈悲：「沒有人知道我的困難！」「我有了問題，沒有人替我解

決！」「這地方大家都不慈悲！」這樣的話，你的煩惱就會很重，你就會準備回去了，因為你覺得在這個地方得不到關懷。

✿ 不期望他人回報

自己不用慈悲心關懷人，而希望別人用慈悲心來關懷你，到頭來你一定會很失望。如果自己用慈悲心關懷人，你會覺得很幸運、很充實。慈悲心不是婆婆媽媽、牽牽掛掛、成群結黨，也不是施小惠、拉關係，慈悲心是看到需要我協助的人，就去協助他。以慈悲心幫助人，不能有期望他人回報的念頭。

其實懂得關懷他人的人，一定是健康的。譬如有的人身體好、有的人身體差，有的人頭腦好、有的人頭腦差，可是即使身體差一點，但是能夠關懷人，你的心理一定是健康的，心情是快

樂的；即使你的頭腦不是那麼聰明，但能夠關懷
人，你就不會覺得自己很窩囊。

———

（選自《法鼓家風》）

禪
一
下

佛法希望人們能從痛苦轉成快樂的，
從煩惱轉成有智慧的，
從瞋恨怨恨轉成慈悲的，
從貪取轉成布施的。
以善來對治不善，以善來糾正不善，
這就是修行，
如此，才能夠使我們的心
真正的清淨，真正的安定。

為何無法與他人歡喜相處？

在人際關係上，雖然大家都說你不好，如果你不埋怨別人，漸漸地，說你不好的人就會愈來愈少。如果我們一直覺得別人不好，而沒有檢討自己是不是也犯同樣的毛病，那麼人際關係一定愈來愈差。當然，人際關係不好，對自己來說，不一定是死路一條，但至少會過得很不快樂。

❁ 放大心量

有些人在家待得不舒服，故而離家出走；到了外面，也覺得工作場所不如意，常常想換工作。這樣不斷地換工作、換環境，到最後走投無路，這是不善於與人相處，不善於接納人、包容

人。原本他希望人人都能接納他、喜歡他；結果變成人人都不歡迎他，反而想盡辦法排擠他。所以人際關係要好，就要把心量放大，多接納人、包容人。如果只一意地要求別人接納自己，最後反而會造成反效果。

❀ 自己做好是應該的

一般而言，人際關係之所以尖銳化，都是由於自己的貪、瞋、癡、慢、疑，因此疏忽了人與人之間的倫理關係，忘掉自己的責任、忘了自己的本分，而老是在爭取、在計較。凡是心態上無法為人設想的人，通常煩惱都很重，各種各樣的煩惱都會出現。譬如看到別人得到好處，自己沒得到，就起嫉妒心。看到別人好，就起瞋恨心，覺得忿忿不平，不能平衡。自己已經擁有，但總是覺得不夠、不滿足，於是產生強烈的貪欲心，

老是覺得：別人的，比自己還好；別人能有的，自己也應該有。這都會產生不平衡的情緒，因此造成無法與他人歡喜相處。

　　總之，人與人的關係不是專講道理、專講公平的，而是要講倫理。只管自己有沒有做好，不要管別人有沒有做好。自己做好是應該的，不要用自己的標準來要求、衡量他人沒有做好的原因。我常講，不要拿自己的鞋子叫別人穿，不要把別人的問題變成自己的問題，而讓自己忿忿不平，這樣才不會使自己的人際關係惡化。

——

（選自《是非要溫柔》）

禪一下	廣度眾生，修福修慧，多結人緣， 這是淨化人生的原則。 有了淨化的人生， 才有淨化的社會和淨化的世界。

如何打開心胸分享幸福快樂？

　　如果不能夠把心胸敞開，自己很自私，而老是想著爭取、追求、占有，自己是走不出去的，就是走出去，人家也會怕你，你的心也會不安寧。如果把心胸打開，見到任何人、到任何場合，參與任何一個團體，都抱著我來奉獻、我來報恩的心態，就會覺得很快樂，因為快樂、幸福和成長，都是從關懷社會、服務大眾、奉獻人群之中完成的，這樣的時候，我們自己就會有安全感，而不會在自己跟人之間加一道防線，老是擔心自己吃虧、有所損失。

　　但是有的人擔心，我奉獻給人，可是別人怎

麼給我回饋？會不會到最後成了羊入狼口？如果
明明知道對方是狼，我們只有希望對方不要做更
多的壞事，或者傷害的人少一些，這就是我們做
的好事；對於那些不平安的因素要去預防，去改
善它。

❀ 真正的幸福

　　一般人講的幸福，通常與財勢名利位有關，
名與利相連，權和勢併同，名利權勢就是幸福
嗎？不一定。真正的幸福是身心健康，特別是心
情的平和、安定。心平氣和是可以練習的，身體
則不一定自己可以控制，什麼時候生病不知道，
可是只要我們的觀念正確，就不會怨天尤人。生
老病死是人生的過程，這是大家都會遇到的，生
病了怎麼辦？就是去面對它、接受它，能夠醫治
的就醫治，醫治不好的那就接受吧，心裡還是保

持平衡。有的人害了小病覺得很苦，也有的人長年害重病，還是能夠心平氣和，只要心裡不覺得苦，就是幸福。

至於整個大環境，至少我們自己不去製造混亂，而他人製造的混亂，我們要練習不受它影響。如果有人侮辱我們、打擊我們，或者讓我們損失也好，能接受的就接受，不能接受的就迴避一下，如果真的迴避不了的也沒有辦法，既然沒有辦法，生氣也沒有用，心裡還是保持平和，不需那麼痛苦。

✿ 幸福是知足

物質享受是感官的刺激，不一定是心滿意足的幸福，追求物質刺激、官能快感也許能有一時的心滿意足，但維持不了多久，刺激一過就沒有了，那就成了空虛。因此，我奉勸當權者，上台

很好，下台也很好，有機會很好，沒有機會也很好，這才是真自在。其實，名利權位勢並非不好，如果是實至名歸，自己有多少努力就有多少收穫，但是收穫也只是暫時的，並非永遠的。

就好像有一桶水，你把水捧在手上，你說這桶水是我的，但是想要把水永遠捧在手上，可能嗎？最後水會怎麼樣？會流失，也會蒸發掉。

名利權位勢就如手上的一捧水，如果貪圖名利而捲進其中，那是痛苦，不是幸福。幸福是知足，多也足、少也足；有也好，沒有也沒有關係。觀念正確，隨時就是在幸福中；觀念不正確，就是自己把幸福放走了。

———

（選自《我願無窮》）

36 敬人者人恆敬之

所謂「得道者多助」、「有德者不孤」，若能廣結人緣，常為他人著想，把安全給別人，對方多半也會給你安全；把安樂給別人，別人多半也會給你安樂，此即「敬人者人恆敬之」的道理。當然，這樣做好像是捨近求遠，而且有人質疑說：「人不為己，天誅地滅。」如果連自己都不保全自己、都不照顧自己，還能夠利益他人嗎？

❀ 利人便是利己，盡心盡力第一

我在〈四眾佛子共勉語〉裡有兩句話：「利

人便是利己，盡心盡力第一。」便是鼓勵大家，以利人而為利己，但不是先利己以後再利人。

不過，我們一定是先努力成長自己，照顧好自己，才有能力利益他人，成長他人；但成長自己的目的不是為了自己，而是為了他人，那麼你就會有安全了。

❀ 廣結人緣，成長自己

我個人一生之中都在求成長，為了什麼？

為了「佛法這麼好，知道的人這麼少，誤解的人那麼多」。為了弘法，所以必須要自我充實，自我成長，而且是一邊充實成長，一邊弘法利生、廣結人緣，這樣同時更成長了自己。

———

（選自《平安的人間》）

37

CHAPTER

以和成事，
以敬安人

　　團體之中，人與人的相處偶爾有摩擦在所難免，即使過去的大陸叢林也有這種問題。釋迦牟尼佛時代的僧團，為什麼要制戒？又為什麼律中有「破和合僧」這一條戒律？就是因為僧團中曾發生分黨成派，彼此鬥爭不已，個人與個人之爭、長老與長老之爭、長老與大眾之爭。事實上古代僧團的這些爭執，屬於意氣者較少，大部分都是法義之爭。

✿ 在團體裡磨鍊

　　馬祖弟子南泉普願禪師，門下東、西二單，

為一隻貓而爭執不已。貓有什麼好爭？其實問題不在貓，貓只是導火線，在爭貓以前，雙方一定早已有了知見上的矛盾。

僧團中講「六和敬」，彼此要互相溝通、協調、忍讓。來出家的人多半有獨立自主、自我肯定的習性，住進僧團後，一一被分派到廚房，分擔煮飯、種菜、燒開水等常住作務；一方面熏習出家人的心態與威儀，另一方面也接受多方的磨鍊。

❀ 彼此體諒、彼此成就

這原本是消除習氣的最佳方法，如果不能體察、領略這就是修行，便難免會產生鬱鬱不得志的心情；如果再看見綱領、執事們辦事不得要領，一、兩次後心裡更是不服氣，因而衍生種種煩惱；尤其是法會、活動的忙碌期間，彼此意見

不合，如果又不擅於溝通、協調，就更容易發生衝突了。

　　所以我們應該自我調整、自我適應，彼此體諒、彼此成就，以和成事、以敬安人，這也叫作修行。

———
（選自《法鼓晨音》）

禪一下 ｜ 如果能夠什麼都不求，
只是不斷地努力耕耘、成長、奉獻，
無論自己有多少力量都盡力爭取，
得到了以後再奉獻給別人。
在這個過程中所得到的快樂，
是別人無法奪走的，
這也才是真正的快樂。

快樂禪

38

如何看待運氣？

運氣是什麼？是老天無眼，看不到你洋溢的才華嗎？不是的。這是在過去生中，你跟人結的善緣少，所以今生在與人共事時，就得不到助力，甚至障礙重重。為了改善這種狀況，你今生更要加倍努力，來生才會有好的果實採收。若能如此想，你的人生就會開朗寬闊，擁有一片光明未來。

❀ 廣結善緣不結怨

我在三十多歲，與其他的法師出席法會或聚會時，大家一一介紹，我總是最後一個被介紹。

信眾聽到「這是某某法師」，通常都會熱切地說「久仰」，或者也有人向他頂禮；而信眾聽到我的法號時，多半的反應是默然，甚至也有不看我一眼的。那時候，我知道這是自己福報不夠，所以從來不跟人比較、相爭，內心也不會難過。

有一次，我的師父東初老人告訴我：「聖嚴啊，你前世種福不足，現在應該多結人緣。」我回答：「過去生結的緣少也無妨，今生我不害人就好了。」這是我當時的態度。

因此，相信有過去世，當遭逢逆境時才不會起憤恨心。其實，由於我自小出家，本來就有這種信念，所以小時候就勉勵自己多與人結善緣，我很小心地不與人結怨。雖然如此與人結緣，還是不受人恭敬、供養，也沒關係，我既不會生氣，也不會認為一定要受恭敬供養。倒是這個觀念，連結了此生之前的過去，也延伸到此生

之後的未來，人的生命因為有了連貫，也就有了更開闊、更完整的格局，這是佛教的生命觀。

❀ 不隨際遇而起波濤

俗話說：「善有善報、惡有惡報；不是不報，時辰未到。」此「時辰」若是限定於此生此世，那就會發現世上反而常有「好人不長壽，禍害遺千年」的事例。但是，我們若把這個「時辰」延長到過去和未來，那麼所有的因果，都要經過三世（過去、現在、未來）才得圓滿，以此心態來看待世間的現象，也就能夠將心安置在寧靜的海洋中，不隨際遇而起波濤。

一位西方記者曾經問達賴喇嘛：「這個世界哪有真正的公義？到處充滿不公平的事情。譬如，像你這麼慈悲的好人，也落到流亡海外數十年的地步。」達賴喇嘛回答他：「如果你相信有

過去，相信有未來，你就會感到平安。想著永遠
的過去，想著永遠的未來，你的內心就會平衡、
快樂。」

———

（選自《歡喜看生死》）

禪一下 ｜ 「慈悲」是利樂眾生；
「智慧」是斷除煩惱，
自己少煩少惱，
也讓眾生少煩少惱；
自己不被煩惱所困是智慧，
讓眾生不被煩惱所困是慈悲。

隨緣自在快樂行

任何幸運的事，任何好事，也都有其原因。遇到不幸的事，會感到痛苦，這是正常的。但有些人，遇到幸運的事卻並不快樂，反受其苦。我們常看到很多有地位的人，有財富、有權勢，他們都很快樂嗎？很多人認為，只要有錢、有地位、有權勢，就是幸福的。但是，事實上未必盡然。

❀ 忘了自己是誰

男孩追上女朋友，一定是很幸運嗎？我說不一定，但也並非一定不愉快。這意思是指事情的

進展中，可能會發生不愉快的現象。因此，任何事情的成功與幸運，不要太興奮，也無須驕傲。有些人在得意時，常會忘了自己是誰。

國父孫中山先生曾說過一則故事：一位剛剛知道已中了大獎（就像美國的樂透獎）的乞丐，因他的全部財產只擁有一根竹棍，他為了防止獎券遺失，便把它藏在竹棍裡。他心中一直為發財的事興奮！實在是太得意了，心想今後不用再當乞丐了，還要這根討飯的竹棍做什麼？這一高興便把竹棍扔到河裡，當他想起獎券還藏在竹棍裡的時候，不但錢已領不到，竹棍也弄丟了。本來，窮得只有一根竹棍，結果呢？得意忘形，連僅有的竹棍也失去了！

❀ 錢來了，只是來了

以禪的方法來生活，面對這類的事，修行者

會認為，這只是一件平常的事；錢來了，只是來了。它來得必有原因，等於自己在銀行裡從自己的戶頭裡提了一大筆存款回家，又有什麼值得興奮的呢！

——

（選自《禪與悟》）

禪一下｜如果我們每個人心中
有幸福、有快樂，
就能夠影響周遭的人，
讓他人也能夠感到幸福和快樂。

40

不為任何目的
而奉獻

　　以佛教的立場而言，「解脫樂」才是究竟的快樂，而追求解脫樂的唯一道路，就是行菩薩道。然而，很多人把行菩薩道看得非常高深莫測，認為自己的層次很低，根本達不到菩薩的標準。因此，他們遇到我時總是說：「師父，因為您的修行境界已經很高了，所以才能行菩薩道！」

　　其實我也是普通人，以我自己的經驗而言，行菩薩道並不是一件做不到的事，而且我並不覺得自己是在空口說白話或是高談闊論。事實上，每個人只要願意嘗試，也很容易做得到，而且能

做到多少，就得到多少快樂。

❀ 步步快樂

　　解脫的快樂並不一定要等到徹底解脫時才能得到，只要朝著這個方向走，每走一步就會有走一步的快樂，而且一點都不是勉強得來的。例如，我們每個人都有自己的身分，而且通常都身兼數職、具有很多身分，只要我們能夠負擔起各方面的責任，盡好自己的職責，就能品嘗到解脫的滋味。

　　這是因為當我們做事時，如果能抱著不為任何目的而奉獻的態度，一心只是為了把工作做好而盡責、盡心，絲毫沒有想到背後的目的，就能夠無私地付出，並體會到快樂。否則，如果總是為了特定的目的才想要奉獻、付出，就很容易陷入等待、期望之中，心裡老是想：「我付出這麼

多，而上司從未考慮提高我的待遇和陞遷！為什麼這麼不公平？」情緒反而會因此起伏不定，痛苦不已。相反地，如果不考慮這些問題，只知道努力付出、奉獻、實踐、盡責，就像俗語所說的「只問耕耘，不問收穫」，結果沒預期得到的東西反而得到了，而且是得來毫不費工夫。這就是菩薩精神，也是解脫的快樂。

❀ 解脫的快樂

盡責任就是默默耕耘，至於會有什麼收穫，自然「老天有眼」。所謂「老天」，其實就是「因果循環」，如果我們付出的多，卻得到的少，就表示因緣尚未成熟，那就繼續努力吧！所謂「水到渠成」，水總是會來的，如果水還沒有來，就表示目前時機未到，那就再慢慢地挖地、開渠。如果能這樣想，得到成果時既不覺得意

外，也不覺得有什麼了不起。如果沒有得到，也會知道是因緣還未成熟，而不會感到氣餒。從這個角度來看，如果我們能不為追求任何目的，只為奉獻而奉獻，這種精神本身，就能為自己帶來解脫的快樂。

人類歷史上有許多可歌可泣的故事，多半來自偉人們「為奉獻而奉獻」的精神，才能獲得後世對他們的歌頌和讚歎，但如果他們當初僅僅是為了自私的目的而努力，我相信他們也不會成功的。總之，只要一件事情是自己樂意做的，而且別人讓我們有機會奉獻，我們就能夠在其中得到快樂。所以，我們不要認為菩薩道的解脫之樂，一定要在解脫以後才享受得到，在還沒有解脫以前，做了多少，就能享受多少快樂。

——

（選自《真正的快樂》）

法鼓山禪修資訊

法鼓山禪修中心簡介：

　　禪修中心為法鼓山推廣漢傳禪法的主要單位，宗旨在於推廣禪法，以達到淨化人心、淨化社會的目的，將各類禪修課程推廣至海內外各地。除將禪修活動系統化、層次化，並研發各式適合現代人的禪修課程，讓更多人藉由禪修，來達到放鬆身心、提昇人品的目的。

　　除定期舉辦精進禪修活動，包括初階、中階，及話頭、默照等禪修，開辦禪修指引課程、初級禪訓密集課程、推廣立姿與坐姿動禪、「Fun 鬆一日禪」，並培養動禪講師等，期能擴

大與社會大眾分享禪悅法喜。

　　想要開始學習禪修者，可以先參加法鼓山各地分院與精舍所舉辦的「禪修指引」或「初級禪訓班」，然後再參加為期一天、兩天或三天的「禪一」、「禪二」、「禪三」活動。如果希望能穩定長期學習禪法，可以參加「禪坐共修」。在具有禪修基礎後，再進階參加為期七天的禪七活動。

　　如果想要了解更多的法鼓山禪修訊息，可以電話詢問法鼓山禪修中心，或上網查詢，網頁提供完整的最新禪修活動。初學禪修者可挑選離家近的法鼓山分院或精舍，就近參加禪修課程。

禪修中心推廣部門 ── 傳燈院

地　址：11244 臺北市北投區公館路 186 號
電　話：（02）2893-9966 轉 6316
　　　　（請於週一至週五上午九點至下午五點三十分來電）
官　網：https://www.ddm.org.tw/default-chan
臉　書：https://www.facebook.com/DDMCHAN/
IG：https://www.instagram.com/ddmchan/
LINE@：http://line.naver.jp/ti/p/djB3dfrhZj

禪修 FOLLOW ME 7

快樂禪——上班族40則快樂指引
Chan for Joy:
40 techniques to joy for office workers

著者	聖嚴法師
選編	法鼓文化編輯部
出版	法鼓文化
總監	釋果賢
總編輯	陳重光
編輯	張晴
美術設計	化外設計有限公司
封面繪圖	江長芳
內頁美編	小工
地址	臺北市北投區公館路186號5樓
電話	(02)2893-4646
傳真	(02)2896-0731
網址	http://www.ddc.com.tw
E-mail	market@ddc.com.tw
讀者服務專線	(02)2896-1600
初版一刷	2014年7月
初版二刷	2022年2月
建議售價	新臺幣150元
郵撥帳號	50013371
戶名	財團法人法鼓山文教基金會—法鼓文化
北美經銷處	紐約東初禪寺
	Chan Meditation Center (New York, USA)
	Tel: (718)592-6593 E-mail: chancenter@gmail.com

法鼓文化

國家圖書館出版品預行編目資料

快樂禪:上班族40則快樂指引 / 聖嚴法師著. --
初版. -- 臺北市 : 法鼓文化, 2014.07
    面; 公分
    ISBN 978-957-598-648-3(平裝)

    1.佛教修持 2.生活指導

225.87   103010815